家庭研究方法
Family Research Methods

Brent C. Miller／著

郭靜晃・徐蓮蔭／譯

郭靜晃／主編

Family Research Methods

Brent C. Miller

ISBN: 957-9272-97-2
Printed in Taiwan, Republic of China

SAGE Publications
International Educational and Professional Publisher
Newbury Park   London   New Delhi

關於作者

Brent C. Miller是猶他州立大學 (Utah State University) 家庭和人類發展的教授。他在韋博州立學院(Weber State College, 1971) 接受心理學的大學教育；碩士學位則是在猶他州立大學研究家庭與人類發展 (1972) ；而家庭社會學的博士學位是在明尼蘇達大學修得 (the University of Minnesota, 1975) 。他和另一位作者David Olson合寫了三本的專業的參考書，書名為《家庭研究回顧年鑑》 (1983, 1984, 1985) 由Sage出版公司發行。他也與 Evelyn Duvall合作寫成《婚姻和家庭發展》第六版 (Harper & Row, 1985) 。Miller博士或是自己寫作或是作為其他作者的合著者超過40篇以上的專業性文章、書的部分章節、技術性的報告、及許多通俗的文章。目前他是一個婚姻雜誌和家庭及家庭關係的協同編輯，他也曾是兒童發展、家庭過程、人口統計、社會心理學季刊和許多區域性雜誌的客座評論者。Miller博士曾作為國家健康機構的社會科學和人口研究部分之未成年懷孕計劃 (健康和人類服務部門) 的顧問，及the Joseph P. Kennedy, Jr., 基金會、社區健康診所、公司、和超過數打以上的國家及國家發行公司的顧問。他的興趣包括婚姻品質和婚姻與家庭生活之正常發展過程，但是他最近的研究則著重於青春期對於性的態度、行為、和懷孕，尤其是那些和家庭品質和特質相關的主題。

郭　序

　　家庭是孕育人類生存與發展的溫床，亦是教育與養護兒童的最重要熔爐。臺灣地區近幾年來的社會變遷十分快速，例如經濟與社會的發展，這些快速的社會變遷，導致社會與家庭在結構層面、功能與內涵上皆衍生出相當大的變化，家庭的任何變動，都將對家庭的成員，尤其是依附家庭的兒童與老年，產生鉅大的影響。

　　今日臺灣家庭人口一直在縮減中，核心家庭也成為我國最主要的家庭結構，平均家庭所生兒童人口數為1.7，婦女出外就業大約占45％，造成雙生涯家庭；婦女平權主義升起、教育普及、工作機會的獲得與經濟獨立，使得女性較勇於對不滿意的婚姻訴求離婚，單親家庭因此而增多；此外我國社會步入高齡化，老年的社會安全保障和其它社會適應措施等，需求日益急迫，諸此種種皆指出未來家庭的組成將面臨一些挑戰：家庭經濟，婚姻調適與自身安全保障，兒童、老人照顧與青少年行為偏差等問題。這些問題的主要根源在於家庭，無異乎，家庭一直是社會的最大支柱。家庭變遷是不可避免的趨勢，人在社會變遷中產生許多多元的價值、各種不同形色的家庭共存於社會，由於這些不同背景的家庭持有不同的態度、行為與價值，因此藉著婚姻的結合，個人本身必須調適個人的行為與價值，才能維持家庭成員的和諧關係及家庭功能順利發揮，如此一來，家庭及個人的需求得以滿足並臻至幸福。

家庭一直是我們最熟悉的場所，而且是花最多時間在此生長、孕育、發展的窩，或舒解情感、避免人生衝突、挫折的避風港。而社會變遷的洪流導致傳統的家庭產生變化，這些變化是好或壞，是強或弱，則一直是見人見智的說法。但值得肯定的是，人類必須要重新面對這新的家庭觀念以及社會變遷下的家庭衝擊。這一切意謂現代人必須再一次學習家庭的意義、功能以及價值。

在學習的過程最需要有一套參考用書，可喜的是，Sage Publishing Company出版一套家庭系列叢書，此叢書專門探討與家庭相關的研究主題，是研修生活應用科學、家庭關係、心理學、社會學、社會工作、諮商輔導及對家庭領域相關科系的學生修習家庭相關課題參考用書，此叢書含蓋的主題有家庭理論架構設計、家庭研究方法、家庭歷史、跨文化家庭比較及家庭生命週期分析；其相關的傳統主題，如約會、擇偶、為人父母、離婚、再婚、家庭權威；此外，也包含最近家庭熱門的主題，如家庭暴力、老年家庭、為人父母、不同家庭型態以及青少年性行為等。

藉由這些書籍，我們可以看到美國當前社會與家庭的

變遷以及社會變遷所衍生的家庭問題，這些對於臺灣學習
家庭相關主題上是個很好的參考與啓示，更能呼籲「他山
之石，足以攻錯」，所以讀者在研讀這些書籍時，可以將
臺灣的經驗加以整合，使其成爲合乎本土現況的家庭叢
書，並作爲預測未來台灣家庭可能轉變的趨勢，以作爲問
題尚未發生時的預防策略。

　　此系列家庭叢書每一本皆是匯集美國社會現況所出版
的專集，在國內卻因文字的障礙而不能廣爲推薦給國內有
興趣的讀者，實爲國內推廣家庭服務的一大遺憾。現今，
此套叢書版權已由揚智文化事業股份有限公司獲得，並由
國內學有專精的人來負責此套叢書的翻譯工作，希望此套
叢書的出版，能爲國人修習有關家庭課程提供一套參考用
書，更冀望此套叢書能帶給國內實際推展家庭服務的實務
工作人員提供一些觀念的參考，願此套書能造福全天下的
家庭，祝你們家庭幸福，快樂美滿。

郭靜晃

序

研究方法這本教科書是一本說明「如何做研究」的書。它是在說明研究應如何來引導出回答研究問題的答案。市面上有許多社會或行為科學的研究方法,但其中卻很少是以婚姻及家庭作為例子(Adams和Schvaneveldt, 1985,為一例外)。在少量家庭研究方法論方面的資源裏,大部分也都是寫給專業人員而非一般的學生使用的,例如經典的《婚姻與家庭手冊》(Christensen, 1964)、預測研究(Bowerman, 1964)、田野研究(Nye, 1964)及人口變項的分析(Glick, 1964)。而關於家庭測量的家庭雜誌(Straus and Brown, 1978)和方法論(Winter and Ferreira, 1969)則偶爾會出現。1982年在《婚姻與家庭雜誌》正如在1984年的《家庭議題期刊》同樣地皆有家庭研究方法論的論述。同時,這些期刊也持續發表為專業研究家庭與婚姻的人員所寫的高等家庭實務方法的摘要說明(Larzelere及Klein,印行中),但是大部分的研究方法論的報導則分散於數以百計的雜誌文章中。

　　不像筆者以前所參考的專業文獻，本書是以簡單可供「初學者」參考的型態所寫成；它是一本基礎的研究方法並以婚姻及家庭作爲例子。筆者也盡可能地以非正式的寫法並保持書中應有的概念與基礎來寫作，以便使程度較高的人、大學部的學生、初入研究所的學生都能瞭解並從中獲益。

　　在寫此書時受到許多老師及同僚的幫助，使我更瞭解「婚姻及家庭」，以及應如何「研究」婚姻與家庭。Jay Schvaneveldt是猶他州第一個教授方法論的優秀教授，而當筆者在明尼蘇達州時，Joan Aldous、David Olson及Ira Reiss等人使得筆者更瞭解關於婚姻與家庭的研究方法，特別是筆者在研究所的兩位好朋友的知識 (Klein et al., 1978)。雖然Reuben Hill不是方法論的最著名學者，但是卻可能是讓筆者視婚姻及家庭爲一門研究科學最深的人。在離開明尼蘇達州之後，筆者非常榮幸在田納西大學與Jo Lynn Cunningham一同教授團體研究方法 (team research methods) 課程的經驗；最近筆者又很幸運地與Boyd Rollins及Darwin Thomas合寫一本關於婚姻及家庭的研究方法的書 (Miller et al., 1982)。

　　對於以上這些朋友與老師，在此對他們所付與的恩澤表示最大的感激與敬意。對於系列編輯及協同編輯筆者也必須表示我的感激之意，因爲是他們兩位促使筆者寫成此書並在筆者面對困難時堅定自己的信心。同樣的筆者也非常感激一些不知名的校稿者，尤其感謝Sally Carles耐心

的看筆者的草稿，及Sage出版公司的編輯堅持對筆者完成
這本書的興趣。

Brent C. Miller
猶他州 Logan
December 1985

目錄

第一章
緒論

> 不論在任何情況下，科學是一種產生與檢定人類經驗陳述
> 的真實性的一種方法。
>
> ——Walter E. Wallace

　　我們都知道關於結婚與家庭。父母親、兄弟姐妹、夫
妻、小孩——這些都並非遙遠的學術用語，而是每一個人
最基本的第一手經驗。另外亦經由直接觀察我們週遭的
人、大眾傳播、文獻，與戲劇而學習到關於婚姻與家庭的
經驗。我們許多對於婚姻與家庭的生活型態方式，是透過
宗教信仰與政治傳統所形成。所有人類社會的宗教教義及
法令均規定有他們所期望的婚姻及家庭行為，如以宗教教
義及法令來說，經常會對於選擇婚姻伴侶的年齡及關係、
婚姻的性關係、小孩的數目（如當代的中國大陸）、夫妻
間之權利與義務作明確的規定。總而言之，我們自己的經
驗，家庭的傳統、信仰，以及法令都會對於所期望的婚姻
與家庭生活——包括應不應該、該期望什麼、好與壞、對

與錯作規範。

再者，從我們自己的個人生活經驗與日常的觀察中，可以將婚姻與家庭從法令與宗教教義中區分出來，而以另一種方式來瞭解它，有時候想要知道「婚姻與家庭是什麼？」的答案，這種問題通常不能以我們個人的看法或經由參考基本規範而明確的回答是對或錯，如：

1. 何時是最好的首次結婚年齡？
2. 如何選定好的結婚伴侶？
3. 多少比例的婚姻是以離婚結束的？
4. 是不是早婚的人比晚婚的人易於離婚？
5. 家庭環境、親子關係是如何影響小孩的心理發展？
6. 小孩的出生及其特性如何影響父母親？
7. 家庭成員間的身體暴力行為有多普遍？
8. 是否有預防或治療的計劃可以降低家庭的問題行為？

誠如以上所述，有些婚姻與家庭關係的問題可以從實證中尋得答案。實證的意思是指：資訊或資料可以經由系統化的方法來獲得，幫助我們更瞭解婚姻與家庭發生了什麼事情和為什麼發生這些事情？用實證性的方法去瞭解婚姻與家庭有賴於資料的收集與分析，並用此回答以上的問題。

規範性的方法是用來處理一些像未婚的人是不是應該有性行為的問題，規範性的問題是根據法令、宗教，以及傳統而來，此外，實證性的問題可以透過科學的研究來解答，仔細的收集實證資料可以均衡我們個人的觀察與擴展我們的智慧，調節我們錯誤的傾向與沒有根據的主張，使我們更清楚的瞭解婚姻與家庭。

科學與家庭研究

科學在大部分已發展的社會裏已經成為一個如同制定完善的企業。科學的目的是在建立或是發現知識。科學家經實證性研究的結論尋找關於解釋世界上自然與社會的資訊。婚姻與家庭為人類社會生活的一種型態，許多理由都支持這項科學應該投以更深入的瞭解，所以婚姻與家庭已經變成科學研究的焦點。

更簡單的說，有些假設說明科學是：

1.有一些自然的現象「在那裏」，在真實的世界而存在於獨立的人類知覺裏。

2.在自然的現象裏，有一些是具有固定型態或規則的。

3.這些在自然現象的型態可以透過科學的程序而觀察出來。

研究對於研究的局外人具有許多的意義，例如：有些人可能經由普查報告，針對於首次結婚的平均年齡作研究。或是如部分的學院課程，有些人可能寫些關於年齡與婚姻及離婚關係的研究報告，在以上的案例中，研究者可能花費相當多的時間在圖書館找尋、閱讀，並摘要與此議題相關的作品。在以上的兩個例子中，研究的基本想法是尋求相關的資訊以回答還沒有結論的特定問題。

　　但是，科學的家庭研究在本書的討論是比較複雜的，並非只是用來回答或是在圖書館尋找答案即可。例如，為了要獲取首次結婚的平均年齡，有些人必須要設計一個研究計畫，做必要的安排，包括收集資料，將首次婚姻與後來的婚姻區分開來，做統計的計算，並發表結論。科學的研究方法不僅是從問題開始，他還包括系統性的獲取資料，分析，並解釋實證性的資料，並據此做出結論。簡而言之，科學是經由專業、有知識的科學家，有組織、有研究訓練的參與；科學的研究要求所參與的是一種結構化及系統化的程序。

　　科學的研究有時候更進一步區分為基本研究與應用研究兩類，雖然此兩類並非完全可以區分開來。應用研究的目的是希望知識的擴展可以用來讓立法人員、贊助者，或實務界來應用。例如：應用婚姻與家庭的研究人員可能將研究結果用來作為婚姻或是父母親虐待小孩的治療；相對地，基本研究或是純研究的研究目的是對於自己知識領域的擴展，有時候政治人物或是納稅人會質疑基本研究的適當性（如，Proxmire's Golden Fleece獎），但是基本研究的奧秘經常也很難說何時可以將其重要的發現應用出來，科學家通常認爲基本研究只是簡單的對於婚姻與家庭做較深切的瞭解，或是希望基本研究的結果可以盡快的被應用。在所有的案例中，家庭研究人員的目的是在於尋獲關於實證性的社會型態及規則。

科學的種類

科學可以再區分爲許多不同領域的研究，通常較爲明顯的是在自然科學（物理學、地質學等），以及社會行爲科學（心理學、社會學等），婚姻與家庭研究大多與社會行爲相當的接近而成爲社會行爲科學的一支，雖然在有些研究策略與方法上可能有所差異，但是所有的科學都共用實證性方法以收集資料、分析資料。

硬體科學

所謂硬體科學（hard science）是屬於較老式的自然科學的訓練，如物理學或化學。這些科學已經可以精化它們的研究方法使之更爲精確，最晚發展的人類行爲與其之間的關係研究的社會行爲科學有時候被認爲是比較不精確的。「硬體科學」與「軟體科學」用語的產生是用來描述這種狀況，而這種情形或許是因爲自然科學的專業領域較爲容易控制、觀察與分析。沒有人知道將來社會科學與行爲科學會變成多麼精確，有些人認爲人類行爲與社會關係

(在本質上較沒有實驗數據)與所謂硬體科學的研究本質上是完全不一樣的。這樣的看法有時候被以諷刺性的言語來描述：「就自然科學、生物科學的感覺，人類社會生活只是在自然界表面上一小小異常的斑點，並非是特別需要深入系統化分析的」(Goffman, 1983:17)。但是，許多社會與行為的科學家們——包括我自己——一直認爲且確信人類行爲與社會關係可以經由實證性研究而被有價值的調查與確切的瞭解。並且，在最近這幾年，甚至是所謂的硬體科學的絕對決定論也被質疑 (Doherty, 1984) 。

社會行為科學

家庭研究人員及社會科學家有時候會將應用在物理學或自然科學上的研究工具與程序——即他們求知的方法——作比較。這些比較的目標經常是在支持或反駁基本相似的科學程序，社會及自然科學學者都在強調相似的重點，包括實證性的證據、發展一般的理論、最小人爲的成見、調查的法則，以及統計的技術等。其它爭論還包括用來觀察或測量社會變項的重要主張、試著用來測量社會變項的改變、太多因素涉入而造成因果關係，重證是困難的，或不可能給予社會環境互動現象的解釋，眞正的實驗操作控制沒有辦法應用在大部分的社會現象的研究中等等 (Wagenaar, 1981:3) 。但是不管目前這些關於相異或相似的爭論，在婚姻與家庭生活的科學已經逐漸的出現。

家庭科學

在1800年中期至晚期，Fredrick LePlay 以及 Emile Durkheim發現許多家庭與家庭有趣的變項，便成為家庭研究的先鋒。LePlay（1855）首先以觀察及訪問的方式研究所有家庭，也因此讓他被稱為是第一個社會研究者及家庭研究者（LaRossa and Wolf, 1985），Durkheim（1951）經由研究已公開的記錄發現已婚的人比單身的人較沒有自殺的傾向，這個事實成為他對部分「社會整合對社會反常狀態」自殺行為的解釋，這兩個人常將時間用為對家庭成員與他們的關係作系統化的資料收集與分析。

實證性研究重點特別放在瞭解婚姻與家庭本身，但是一直到進入二十世紀之前（Christensen, 1964, Howard, 1981），那些首先研究婚姻與家庭的人相對於其他研究的學者而言是處於比較不利的情況下，因為缺乏科學的工具。因此，最初研究的研究策略大部分源於觀察法、個案法、面談法等等，之後一般的社會與行為研究方法才設計出來。

總而言之，家庭研究方法與關於家庭的實證資料被認真與慎重的發展出來也不過是最近五十年的事。有許多的訓練貢獻可以在科學的家庭研究，最值得注意的為社會學、心理學以及人類學。而事實上，許多婚姻與家庭的研究人員都與那些基本訓練有密切的關係。在最近幾年有一個學術機構聲稱家庭研究或是家庭科學在許多大學中已經將焦點從不同訓練的背景的研究人員中移向婚姻與家庭。

科學的目的

不管家庭研究或社會及行為科學研究與硬體科學研究是多麼相似或相異，所有的科學研究都有相似的目的和基本與原則。雖然對這些科學的目標可能會有所爭議，但是他們通常被歸類為描述、解釋、預測及控制問題。

描述

描述（description）是科學最基本的活動的目標。家庭研究人員尋求敘述婚姻與家庭現象的平均或集中的趨勢，如平均結婚年齡及小孩的數量。婚姻與為人父母的態度及行為也是科學描述的目標。有多少？有多常？等對於婚姻與家庭敘述是一個非常實證的程序，而經常有賴於次數、頻率、百分比，及描述性統計來測量集中的趨勢或離散的情形。

解釋

解釋性研究（explanation）企圖以給予某些事情的發生的理由來提供對事情觀念的瞭解。科學家經由認定事前與結果等有興趣的行為尋求解釋婚姻與家庭生活。例如，以前對擇偶條件的許多不同的描述，包括相似的背景、性向、相同的目標和對角色的期望，以及誰來選、誰被選的文化標準，進而對婚姻有更深入的瞭解。

預測

　　預測（prediction）性研究是指對於某些事情的發生可以在發生前就能知道，有人對於有些預測的理論與實證基礎與解釋性研究相同而有所爭議，那是因為相同的想法與關係必須一起瞭解用以來解釋什麼發生了與為什麼發生，或者是預測什麼可能發生。例如，瞭解伴侶一致價值的內涵、角色期望、背景特性可能可以修正婚姻的協調與穩定性。

控制

　　當對自然現象已經有足夠的瞭解，接著就可以對自然現象做解釋與預測，有時候還有可能控制（control）這些自然現象。在社會與行為科學中控制有許多的形式，如：阻礙、干預，或是治療。例如：一個治療師或實習生可能可以以干預的方式來幫助家庭的成員降低或控制不是期望的婚姻或家庭行為。家庭暴力，特別是對小孩及夫妻的虐待行為，對此，研究人員持續進行更深入的瞭解，因而對這些事情發生的風險做出定義，並以不同的方式控制家庭暴力，如提供協助、降低孤立與壓力、給予個人與家庭治療，及在艱困時期提供庇護等。

科學的基本原則

客觀性（objectivity）與再驗性（recaplicability）是基礎的科學原則。客觀性是接近問題的一個方法，這表示科學家們盡可能的不以自己的成見與客觀的設定他們的程序（Kerlinger, 1979），換句話說，客觀性意思是指在研究中儘量讓個人或主觀的因素排除在研究之外。當然，科學不能讓研究的價值完全的客觀，特別是藉由資料來解釋研究問題時，就反應了研究人員的價值觀（Baumrind, 1980, Gergen, 1982）。科學對於婚姻與家庭現象的想法是要設計出研究應該以什麼方式來做，其研究程序與結果會成為公開而可以複製的研究，也就是所謂的再驗性。再驗性表示其他的研究人員可以以相同或類似的研究程序而將研究的結果再製造出來。

研究中重大的差異可能是由於偏見所產生，不同價值觀的科學家及科學程序之間，這些公開的規定，如果程序是客觀與公開的，其他的研究人員就可以根據這些公開的資訊複製或是反駁這些發現（Popper, 1965）。當然，要完全的複製婚姻與家庭的事件與關係是不可能的，但由許多不同的研究人員對同一主題所做的研究，若其結果很明顯的有同一模式或有足夠的資訊說明研究數據有一致性，研究人員就可以非常有信心的將研究結果發表出來，相同的實證研究的發現發表於許多不同的研究中，我們稱之為實證的概化 (empirical generalization)。

「換句話說」，客觀性幫助研究者他們自己走「到外面」使他們達到可以公開再驗的條件，而研究的結果也是希望獲得公開的確定性的發現 (Kerlinger, 1979:10)，客觀性使研究的結果可以產生再驗性，而將研究發現從許多的研究中集合起來要比從單一的研究中下結論要來的有說服力。

科學思考因素

概念

「概念」 (concepts)，是一個最基本的科學思考因素。概念是一種特別的心理抽象事情或事件、是由字或標籤兩者組合而成其意義或定義。如婚姻用來表示成人的概念而不管這些人是否都是已婚，一般社會對婚姻的了解是兩個不同性別間所期待的永久關係，不同社會背景對於婚姻的概念也有可能包含對生產、家長、平等主義……等等有不同的看法。

研究人員在研究案中要對於概念有清楚的了解是相當重要的。範圍大的概念，如婚姻，通常必須轉換成更明確的概念以進行研究，如：關於「婚姻」的研究，可能要更明確的指出是配偶的選擇、婚姻的滿意度、婚姻的調適、婚姻的穩定性、婚姻衝突、婚姻的權利、婚姻溝通、婚姻暴力等等。相同的，關於「性」的研究，在家庭研究中可能必須以性關係如性交、社會對於性角色——男性與女性所被期待應該作爲的刻板印象、實際的婚姻伴侶角色行爲，或以兒童對於性別認同的發展來處理男性與女性相異與相似處（性生物學）；概念的澄清和嚴謹在執行婚姻與家庭研究的初期點是相當重要的。

變項

變項（variable）是概念簡單的變化，它被假定爲或可以爲兩個以上的值，婚姻狀況的概念是一個變項，它具有兩個或更多的值，我們可以選擇使用兩個值的變項（已婚或未婚），但是在我們的研究中它通常可以代表更多變項的意思以包含所有可能的邏輯值（單身、從未結婚、已婚、分居、離婚、寡居、遺棄、再婚等等）。

在研究中了解變項的變化程度是特別重要的，最簡單的變項型式爲出現或不出現，懷孕爲是或否的最簡單變項例子；研究人員可能會調查女性有或沒有懷孕。

另一個重要的看法是變項變化被稱爲分類，生物的性別在進行人類與其相關研究時，它可能是最廣泛被用來分類的變數；它包含兩個相關的類別，男性與女性；婚姻狀況也是分類性變項的另一個例子，但是它具有兩個以上的類別。

第三類變項的變化稱為連續性的，有一些變項的變化是具連續性的，換包話說，他們的變化是以數量而非類別，對於懷孕的概念可能是以女性樣本衡量有沒有懷孕，但是對於懷孕期間的衡量就以連續性變項較為恰當了。懷孕期間的長度是連續性變數，它的範圍可以從幾個小時、天、或週、到九個月或更久，年齡或時間之外還有許多連續性的變項，次數也可以反應出連續性的變項，如：溝通的值，範圍可能從非常差到非常好，這樣的行為並不需要連續的發生，但是對於研究樣本，這些變項的範圍可以從低連續至高連續。

關係

大部分婚姻與家庭研究都不單只是關心單一的變項（如結婚的年齡）而更關心變項與變項間的關係（如婚姻年齡與婚姻穩定性之關係）。研究人員通常研究變項如何共變或在一起變化。測量關係時的區別通常是獨立變項與相依變項，所謂相依變項是指一種變項的變動依賴於（或被影響於）獨立變項，此種用語被廣泛的應用於所有的科學研究中。在以上的範例中，婚姻的穩定性可作為相依變項，因為此變項的變動部分是有賴於或受影響於結婚時的年齡（獨立變項）。

有時候變項在一種關係中的變化只是單向的，以結婚時的年齡為例，他會影響婚姻的穩定性，但是婚姻的穩定性並不能影響結婚時人的年齡，婚姻穩定性跟隨或部分依

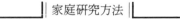
存於結婚時的年齡，這種關係有時候稱爲因果關係。如果要推定某一變項的變化引起另一變項的變化（如：變項x引起變項y的變化）則必須包含以下三個條件：

1. 變項間有共變的關係（當x變動時y也必須變動）。
2. 變項的變動暫時先於y的變動（x的發生總是先於y的發生）。
3. 排除其它可能的說明（排除其它可能引起y變動的因素）。

關於婚姻與家庭研究的關係中，有許多的案例沒有辦法迎合這三個條件的要求，所以無法成爲眞正的因果關係。例如：有些研究認爲婚姻的滿意度部分與分享配偶的生活活動（Miller, 1976）、或是與夫妻間良好的溝通有關（Figley, 1973），但是婚姻滿意度也有可能是由於夫妻間良好的溝通進而使他們能夠一起分享彼此的生活。

理論

然而概念、變項和關係是科學思考最基本的因素，理論包含所有可能的因素。所謂理論是指在一研究中所歸納出的某些普遍、有規則變動的現象並可作爲解釋此一現象與預測的原則稱之。所以理論可以定義爲：「一組互動而相關的建構、定義和命題經由明確變項與變項之關係來表達對某一現象有系統的看法；目的是在於解釋和預測這一現象」（Kerlinger, 1973:9）。簡單的說，理論是經過一般

化的原則，理論綜合我們知道所有眞象的一組特定關係，
而婚姻與家庭研究是我們在1970年代所致力於發展和說明
的一種理論原則（Burr, 1973; Burr et al., 1979）。

研究的階段

　　研究的過程可以分爲兩個階段，雖然在實際的操作過
程中這兩者經常是重疊的，而他們的領域也不能清楚的區
分出來。所認定的階段之間變化也非常大，而重要的是在
研究過程中必須了解邏輯性的程序，科學方法最少必須包
含以下的幾個階段：

　　*1.*想法、疑問或問題。
　　*2.*科學的研究問題或假設。
　　*3.*資料收集和觀察。
　　*4.*資料分析與詮釋。

　　以下我們將更清楚、更明確的來討論研究階段的詳細
內容。

形成問題

　　研究疑問或問題的出現並非只有一種方式。想法（概
念）可能從個人經驗或洞察某一現象、觀察別人、從專業
的研究文獻、或從許多其它的方法中找出來。不管概念出

現的來源爲何，在第一個階段裏的重要課題，便是將一般的想法主題轉化成具有清楚定義而有研究重點的問題。

　　將研究的內容寫出來通常可以澄清研究問題本身，且可以經由研究表達出知識領域的缺陷，雖然研究問題通常對研究人員而言非常重要，但它對別人（管理人員、納稅人或贊助者）有可能像「打呵欠」，或浪費時間和金錢一樣不值得。就此一理由，正式的研究問題的陳述通常包括特定的目標、理念與辯解。部分的理念可能可以經由給予研究問題適當解釋而獲得澄清，但是辯解是在說明什麼必須做這個研究，研究可能因它可以補充知識領域不足，或因爲問題的答案或解決這些問題對於贊助者或社會可能會有實務上的利益而值得執行。

明確假設或目的

　　假設是可以檢定關於假定變項關係之間的推定性陳述，假設也是理論的看法與實證資料之間的關聯，一個好的假設陳述是對於變項之間關係的期望以便將來在資料分析後，這些假設會透過成立或不成立而被澄清。在實務上，在研究人員的心中有時候會被起始或未成熟的假設所引導，因此，在大多數的案例中，研究人員仍然似乎較喜歡傳統實務假設寫法。而用統計上檢定假設的方法寫出關於變項與變項之間關係的陳述，這可能是應某些贊助者所要求，或由於那些首次做研究人的關係。

　　有兩種基本的假設——實質假設與對立假設，研究假設以陳述的方式來說明相關變項之間的關係，就是研究人員想要發現的現象，例如「那些於二十歲之前結婚的人，離婚機率比那些大於二十歲以後結婚的人」還要高，或是以不同的方式來陳述「年齡與婚姻及離婚機率具有相反的關係」，第二種假設稱為虛無假設，意思是假設變項與變項間沒有關係或沒有差異，如無論是在「十九歲及十九歲之前或之後結婚的人，其離婚機率沒有顯著性差異的」，理論上來說，不可能去證明或接受實質的假設，但是卻有可能去拒絕虛無假設。一般來講在資料收集後，就準備對虛無假設作驗證的工作，研究人員真正感興趣的實質假設可透過統計方法的應用檢定虛無假設而獲得。

　　但是，並非所有的研究的假設都是可以驗證的，在一些研究的個案中，研究人員目的是在於是探索或描述事情的真象而非是檢定其中變項與變項之間的關係，因為其變項與變項之間的關係並不明顯。所以當所有研究人員對於真象並不是非常瞭解時，研究人員很難作出假設。然而假設雖不能被清楚的說明，但仍然可以透過清楚的說明研究的目的而作出結論。尤其是說明目的或假設還可以引導研究朝向研究人員所想要的目標並避免讓目標模糊了。

選擇研究設計

　　研究設計是一研究總體的計劃與結構，若沒有好的設計以帶出相關的資料來處理主題，研究中即使有最有趣最重要的研究問題、和最清楚的假設或目的，研究也會變的毫無價值。在這裏主要原則是依研究者所要調查的主題而選定一研究設計，研究人員所選定的研究策略應該是已經考慮過許多研究難題後所選定的方案，不同的方法通常可能可以謹慎的合併來使用，以產生較豐富且較完整的結論 （Caplow et al., 1982） 。無論如何在許多個案中研究設計是對於研究問題最適切、便利的調查法，可使研究問題的效率極大。

　　例如：研究「在什麼樣的婚姻狀況下，是最適合懷孕的？」的問題，研究人員可以對人直接訪問並做估計，但是這樣的方法很有可能會被質疑，因為問題的敏感性，另一較為可行的方法可能會是將官方記錄的婚姻和出生日期配合來觀察 （Christensen, 1963） 。在本例中，詢問私人的問題和檢測官方的記錄是兩個可行的研究設計的方案，在第二章中將會對研究設計的主題做更詳細而完整的介紹。

設計或精化測量

　　測量讓研究人員可以測定不同的特質、相異、變動、效果以及關係的強弱。變項測量的適當程度將直接影響研究人員的發現。測量必須要求清晰的構思以整合出所有的概念來做為觀察，例如：變項測量的範圍是否已經足夠？或夠不夠清楚？變項的測量能不能代表真正研究概念中所想要發現的？變項的應用是否清楚且具有一致性？由於要正確的測量變項是一項複雜且很難以達成的工作，通常必須使用一些現有的測量工具與程序，若當前變項測量的方法不可行，就必須設計並推敲一自有的測量工具，而這也將是研究過程中特別重要的關鍵決定階段，婚姻與家庭測量的詳細內容業已納入本書第三章中做較詳細的討論。

選擇樣本

決定誰或什麼來做爲研究的樣本通常會是影響最適研究設計的主要整合的部分。實際上，選擇樣本通常有賴於一系列相關的複雜決策過程，如選擇的主體（樣本）是否代表某一特定的大群體（母群體），以便研究人員易於將結果類推出去？研究資料是要以觀察樣本或自陳報告的方式獲得？或是已有現存的資料而不需要經過初級資料的收集？樣本必須要多大？應該如何來選取樣本？在整個研究的初步研究階段，選擇研究樣本在此一階段有賴於研究人員想要發現什麼，包括不同的研究問題變項的特性，如：年齡、種族、婚姻狀況、及其它可能對於定義者在選擇樣本時有特殊的意義的相關變項。

收集資料

資料收集是獲得實際實證性資料的一種過程，而此種過程（我們希望）能夠提供最初問題的解答，這是觀察或測量應用的階段，通常被視爲研究上智力或概念應用的最後階段，它是最密集、直接，且反覆工作的階段。例如：「資料收集使人的手變髒」，就此觀點而言，大部分的研究工作都是無形的思考及準備階段，在資料收集時，調查人員實際上是在田野或實驗室觀察或測量所感興趣的變項，如在第五章所討論的，許多技術設計是用來獲取及修正、合併那些執行中的研究，以極大化資料收集過程的效率，並且儘量提高資料的品質。

簡化與分析資料

資料一經收集後，必須以邏輯性的態度來安排，這是資料整理與安排的階段。有時候原始資料需要被轉換成變項化的分數，在任何個案中，資料必須表格化或進行分析，在這樣的方法下，資料可以用來解釋，並直接說明前面所提出的研究問題。有時候簡單的分析可以用手工來做，但是由於電腦的出現，目前大部分的分析都是由機器來執行（當然是由研究人員來主導），將資料轉換成機器可以閱讀的型態，以便讓即使是再大的資料檔也可以被儲存，並以高速度的電腦執行複雜的分析，就如同在第六章中所討論的，就當代大多數的婚姻與家庭的研究而言，資料輸入、操控和分析已變成為很高的技術了。

研究發現及結論

在資料分析後就必須要將研究的發現解釋清楚，包括研究結果代表什麼意義？什麼是研究發現的合理解釋？應該接受或拒絕研究的假設？發現是相當於前人研究或是支持前人研究的結果？如果研究設計已經很完善了，在資料分析之後研究人員將會具有足夠的信心寫出一些結論，但是不好的研究設計、測量、抽樣等等將會限制結論的達成。

許多的研究個案顯示出來自於預期的非預期結果或變異，而這樣的結果經常會產生新的假設需要來驗證，因為新的假設都是經常由研究中推演而來，所以研究一般被視為一種循環的程序，開始與結束都在於可以研究的問題。

摘要

婚姻與家庭研究的研究目的主要是針對實證性研究而非規範性的研究問題。政策的制定者、研究人員、以及一般大眾都能接受科學方法為一獲得重要的婚姻與家庭現象的可靠實證性資料且適當又實用的方法。

關於硬體科學與軟體科學的爭論是絕對的，而且牽涉了許多的主題，本書是在於研究人類的婚姻與家庭及其關係，有別於研究石頭、分子的粒子或病毒，但是其中許多的科學方法與原則仍然是非常適用的。

家庭研究最初的目的是描述、解釋、預測以及（有時候）控制婚姻與家庭的行為。研究程序的目的及他們公開的特質使得研究程序可以應用於不同的調查中以反駁以前的結論或達成相似的結果（複製），因而加強實證與理論推演的可信度。

科學思想的基礎因素包括概念、變項以及他們之間的關係，理論是概念與假設關係的整合組，而理論是構成科學領域中解釋及預測的一般原則。

研究的程序通常開始於一個構想或問題，而這個問題必須可以成為研究的問題，研究設計是設計來收集、觀察、獲得適當的資料、資料分析及解釋引導研究找出研究問題的答案或結論，而在這時候通常也會引發新的研究問題。

為什麼關於婚姻與家庭知識的實證性基礎之重要原因是在於婚姻與家庭本身及其對於社會實務上的利益，知識的獲得是值得結束於知識本身，瞭解知識使我們可以獲知實證性的預防、干預及公共的政策。

關鍵概念

- ■規範問題　　　　　　Normative questions
- ■實證問題　　　　　　Empirical questions
- ■科學；硬與軟；物理，　Science; hard and soft;
　自然，社會；家庭　　Physical, natural, social;
　　　　　　　　　　　family
- ■研究，基礎與應用　　Research, basic and applied
- ■科學的目標　　　　　Goals of science
  - ・描述　　　　　　　　Description
  - ・解釋　　　　　　　　Explanation
  - ・預測　　　　　　　　Prediction
  - ・控制　　　　　　　　Control
- ■客觀性　　　　　　　Objectivity

- 重驗性　　　　　　　Replication
- 實證的概化　　　　　Empirical generalizations
- 概念　　　　　　　　Concepts
- 變項　　　　　　　　Variables
  - 類別變項　　　　　　Categorical variable
  - 連續變項　　　　　　Continuous variable
- 關係　　　　　　　　Relationships
  - 獨立變項　　　　　　Independent variable
  - 相依變項　　　　　　Dependent variable
  - 因果　　　　　　　　Causality
- 理論　　　　　　　　Theory
- 研究的階段　　　　　Stages of research
  - 想法或問題　　　　　Idea or problem
  - 明確的問題或假設　　Specific questions or hypotheses
  - 資料收集，觀察　　　Data collection, observations
  - 詮釋，結論　　　　　Interpretation, conclusions

第二章
研究設計

研究設計是一種計劃，結構及調查的策略籃圖，以獲取研
究問題的答案‧‧‧‧。

——Kerlinger（1973:300）

　　研究問題的概念澄清及研究問題形成後，接下來邏輯
上的步驟是決定研究要如何進行。如何才能把研究作最好
的設計以回答特定的問題呢？研究設計就是一種計劃或結
構上的決策，是執行研究時所採行的方法。
　　對於大部分的婚姻或家庭的研究問題而言，有許多的
研究方法可以採用，但是任何一種方法都有其優點與缺
點，在選定一項設計及進行其細部設計時有兩項主要的考
量：（1）適用——設計必須可以提供研究問題最清楚的
答案；（2）效率——設計必須實際且能使資源盡可能有
效率的應用。

第一個考量是研究設計必須適用於研究問題；最複雜的設計若對於研究問題沒有提供與研究問題有直接相關的資料，也會成為最沒有價值的設計。有時候調查人員會致力於使用某些他們所學習過的特定的研究設計。本章的觀點是採折衷的看法；因為有許多可用的研究設計，每一種都有其強處與弱處，而這些方法也都可作為不同的家庭研究問題之用。選用他們其中之一或是另外設計一些獨特的研究方法，都必須根據「適用」的原則，在研究結束後，研究結果才可以清楚的解釋研究結果及其獲取答案的方法是否合乎科學。

第二個主要的考量是實際效率，意思是在設計一項研究計劃時必須考量其時間、金錢、以及技術上的要求，有時候理想的研究設計必須花費相當大的成本或時間而遠超過研究人員所擁有的資源。另外研究設計必須在研究人員有能力的技術能力之下，或至少在某一可以獲得的合理諮詢 (consultation) 或是合作 (collaboration) 之下。總之，研究設計要的不只是適用於研究問題，還要使研究人員可以獲得清楚的解答，但也必須是在財務、時間、技術資源上實際可以執行的。

研究設計的種類

對於社會與行為研究的方法有許多不同的分類，任何一種都可用在婚姻與家庭的研究上。應用最廣泛的兩種分類為計質研究及計量研究方法。計質研究方法是基於對非數據性的觀察、面談、或是書面資料的分析，最具知名的為應用在深度（in-depth）訪談中用以對婚姻關係類型作為認定的「古典」家庭研究（Cuber and Harroff, 1965）。約有少於10％的婚姻及家庭研究是計質研究，但是其中卻有些具有預測（或稱作附加）的用途（LaRossa and Wolf, 1985）。而大部分主要的婚姻與家庭研究是計量研究（基於對數據的測量與分析），這兩種分類的方式並非用來解釋研究設計的最好的分類方法，本章是將研究方法分為以下幾大類：

*1.*探索性研究。

*2.*描述性研究。

*3.*發展性研究。

*4.*實驗性研究。

*5.*相關性研究。

探索性研究

探索性研究，就如其表面意義所隱含的，是對於某一些我們只知道的一小部分知識的領域或主題所作的進一步的研究。當所感興趣真相的基礎事實完全缺乏或有很大的落差時，研究人員可能無法作出關於變項與變項之間特定的假設。最重要的是，如果假設是基於不完整的理論或實證的結果，這些假設會變得瑣碎或沒有方向。在探索性研究中，通常會使用計質方法，因爲要進行更清楚計量方法的測量可能還未成熟，由於以上所有的理由，探索性方法是最爲適當。例如，當對於家庭暴力還不是很瞭解的時候，Gelles（1974）以幾乎完全是計質、非結構性的家庭訪談做出家庭暴力的記錄。

探索性研究的目的是要對於瞭解不深的研究主題眞相的觀念推演出去，並做深入瞭解。通常探索性研究的結果將會演變爲更清楚的研究問題或可驗證的假設，但是這並不是必要的結果。有時候探索性研究的目的是要發現更精確的研究是否可行，若答案是肯定的，應該追溯什麼樣的特定問題，應該遵循什麼樣的程序。雖然研究人員根據他們的最初的構想，探索性研究可能在它本身就結束了，但是如果探索性研究做得好，研究主題就有可能會被一直研究下去——可能由其他人來繼續——由更系統化且更有理論指引的研究來繼續下去。

有些人認爲探索性研究太難而不足以研究（通常是和他們認爲「較好」這一類的研究來作比較）。但是，在選擇研究設計時主要的關鍵標準是，是否所選擇的研究設計適合目前的研究問題或難題，或許爲什麼探索性研究不被認同的一個理由是，因爲研究人員有時候在從事探索性研究時完全沒有研究的計劃或結構。由於探索性研究多變的特性，所以此種研究比其它的研究沒有結構，而必須保持彈性以便獲取在研究過程中所出現的先機與方法，但是這並不是表示探索性研究應該盲目沒有方向的方式進行。

許多活動都可以提供指引與方向給探索性研究 (Seltiz et al., 1976：92-101)，這些包括相關文獻的回顧，與有經驗的人的訪談，當然，文獻回顧是所有研究中必須要有的一個部分，而與有經驗人的訪談可能集中注意力於選定那些可以提供第一手、相關，以及所感興趣的真相相關的個人來訪問，可能對於不同知識層級的受訪者進行訪問，如父母、兄弟姐妹、親戚、朋友、以及相關的專業人員（警察、社會工作人員、老師）。探索性研究相關的策略可能著重在有特別卓越觀點的個人，因為他們可能是陌生人、新加入者、邊緣人、或是那些在過渡時期的人等等。

雖然探索性的研究有時候會被批評，但是在家庭研究當中卻非常需要它們，愈是主觀、彈性的探索性研究設計的方法，愈是難以檢定其研究假設，也很難做出穩固的結論。但是一個好的探索性研究會喚起、證明，並精化研究問題的構想。

描述性研究

有時候探索性研究及描述性研究被分類在同一類，因為有些探索性的研究寫出成了描述性的研究，但是許多描述性的婚姻與家庭研究不是探索性的。探索性的和描述性的研究並非是同義的，因為探索性研究的目的是發現那些是重要的變項與主題，而描述性研究開始於特定的變項並尋求描述這些變項或是尋求這些變項在某些特定群體的分配。第二，雖然，探索性研究維持相當的彈性並非常依賴主觀的看法，然而描述性研究的目標是完整正確的，因此，它必須更有結構以預防誤差。美國國家的普查 (the United States Census) 並不是探索性的研究，卻是大量的人口的描述（實際上是一覽表），統計資料廣泛的使用於描述婚姻與家庭的特質，如家庭的大小及地位，運用美國國家普查統計資料可能可以，例如，在1980年，每五個家庭中就有一個單親家庭。簡單大衆化的意見及以家庭為主的描述性調查使用特定的結構性問卷，以正確的描述研究人員所感興趣的婚姻與家庭的態度與行為。

描述性研究的典型結果非常類似於第一章所說的研究程序的步驟或階段，那就是一但研究問題改變了 (Aldous, 1978; Hill and Mattessich, 1979) ，科學的研究程序會跟著變動。這些程序包括：選定精化資料收集、改進測量尺度、特定母群體與樣本的性質，以及收集、分析、和解釋資料。因為這樣的步驟在所有的研究中非常的普遍，在接下來的幾章中會有詳細的討論。

在此一觀點下，它表示一個成功的描述性研究有賴於研究設計本身所包含的關心和嚴謹的程度，描述性研究不局限在任何資料收集的方法。例如，描述婚姻與家庭研究已經包括普查和歷史文獻的分析以描述家庭長期以來的變化 (Laslett, 1971; Seward, 1978) ，用密集與持續的方式，在家庭中的觀察來敍述家庭生活內在動力 (Kantor and Lehr, 1975) ，用個人的訪談以估計家庭暴力事件的次數 (Straus et al., 1980) 。

研究發展改變的設計

研究現象的發展情形是瞭解事情變動的最好方法。許多關於兒童發展、發展心理學，及人類發展的研究都是著重於個人如何變動。相同的，婚姻與家庭研究的學者通常會對於個體如何變動進行瞭解（Aldous, 1978; Hill and Mattessich, 1979），例如：婚姻期間的長短與其品質是否具有直接關係？時間的變動與夫妻間的關係是如何互相影響（或兄弟姐妹、父母與小孩）？

所謂縱貫研究是指觀察或測量某些自然變動的現象超過一次以上的行為。是對於同一個體兩次或兩次以上的觀察，而直接計算分數的變動，這是縱貫研究設計最簡單的特質，但最重要的是相同的主體應該在同一時間以兩個或更多的點來測量，以此自然現象的變動才可以發覺出來。

最簡單也是最常見的縱貫設計是將主題以有規則的（如年）等距尺度或特別重要事件發展的前後（如青春期、結婚、生小孩、休閒‥‥等等）作為測量的標準。有時候，研究相同的主題牽涉到所謂的群組研究（panel studies），因為重複性的觀察或測量運用於相同的組群或個人或家庭名單中，如最顯著的例子，是對5,000個家庭所得變動的群組研究，自1968年開始每年持續的由James Morgan和其它在密西根州的機構調查作為社會研究。更長期且更心理學的例子是Berkeley縱貫成長的研究，主要著重於個人的變化，縱貫面的資料已經使用在許多個人、婚姻、家庭變動的分析上了 (Elder, 1974; Liker and Elder, 1983) 。

另一個研究發展的縱貫面設計的替代方案是橫斷面的研究 (Hill, 1964) ，橫斷面的設計，資料的收集是根據主體不同的年齡，而結論是根據研究主題對不同的年齡所發生的婚姻或家庭行爲而作成，這個研究策略經常使用於兒童發展的研究上。例如，Bowerman 和Kinch (1959) 想要知道兒童從兒童時期至成人與其同儕的關係，及其與父母的關係的變動，而不是想要知道同一群組 (或panel) 在年齡上的變化所造成的變動，所以他們對不同年齡的兒童詢問有關同儕與父母方面的問題。雖然他們的資料是基於不同年齡的兒童，但是研究人員認爲年齡的成長會使兒童與同儕之間的關係更密切，而與父母之間的關係會疏離，另一運用類似的橫斷面研究方法的例子是研究人員訪問一至六年前結婚的夫妻以研究夫妻性關係在婚姻初期的頻次和平均數的變動 (Greenblat, 1983) 。

許多研究關於婚姻知覺與品質變化的研究經常同時使用縱貫面與橫斷面的研究設計，一項規模最大的縱貫面關於婚姻的研究是由Ernest Burgess在1939年開始著手進行對於1,000對夫妻進行的調查，關於主要是測量在訂婚、結婚後三年、結婚後二十年夫妻對婚姻的評斷和對伴侶的認知的變動，研究結果發現無論是丈夫或妻子，他們對婚姻的評價愈來愈低，於是Pineo (1961) 談及的「在婚後的幾年後從夢中醒來」 (disenchantment in the later

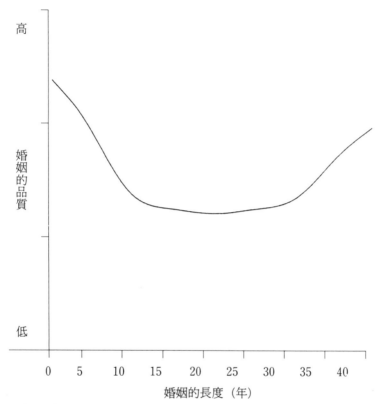

註：比較已婚夫婦結婚的長度，由橫斷研究推論而來的婚姻滿意及適
　　應的差異（Figley, 1973; Miller, 1976; Rollins and Cannon,
　　1974; Rollins and Feldman, 1970）；婚姻品質的下降是由縱貫
　　研究推論而來的，資料表示出沒有小孩和有一個嬰兒（Belsky et
　　al., 1983; Feldman, 1971; Miller and Sollie, 1980; Ryder,
　　1973），和超過二十年的婚姻（Dizard, 1968; Pineo, 1961）。

圖2.1　婚姻長度與婚姻品質之關係型狀

year of marriage) 中,運用橫斷面的設計來研究在不同
婚姻年齡或家庭發展階段對於婚姻品質的比較已經有許多
的研究(例如:Miller, 1976; Rollins and Cannon,
1974; Rollins and Feldman, 1970)。圖2.1說明婚姻的長
度與婚姻品質的一般狀況。

　　由Burgess在1939年所做的關於婚姻的研究是一個長
期縱貫面方法的研究限制的好例子(Burgess and Wal-
lin, 1953)。此研究從1,000對夫妻開始,但是三年後只剩
下666對夫妻,而只有400對夫妻參與於二十年的後續研究
中(Dizard, 1968; Pineo, 1961)。縱貫面研究的主要問
題在於研究樣本、研究人員,與研究費用,但是近年來有
更大、更精緻、更有基礎的研究案在進行,其中85%～90%
是縱貫面的家庭研究,而且時間持續至二十年(Call et
al., 1982; Freedman et al., 1980; Thornton et al.,
1982)。

　　另一個長期縱貫面或橫斷面方法的替代方法是指短期
的縱貫面研究。縱貫面研究在短期間裏研究樣本必須測量
至少兩次以上,但是在相關的一段期間內(相對於生命的
週期的幾個月或幾年裏)。例如:許多關於短期縱貫面婚
姻品質的研究說明了在有了第一個小孩時婚姻的品質有輕
微下降的趨勢(Belsky et al., 1985; Miller and Sollie,
1980; Ryder, 1973)。

研究演繹改變的實驗設計

　　雖然最主要的婚姻與家庭研究不是實驗性的，但是瞭解實驗設計對於特定研究問題的邏輯與其重要性也是非常重要的。實驗設計在硬體科學裏較為受歡迎，但是偶爾在特定的婚姻與家庭的實證性研究裏也會成為較恰當解答研究問題的研究設計。

　　實驗法設計是用來讓研究人員可以推論獨立變項與依變項功能或因果的關係。這是因為實驗法是一種讓研究人員可以操控、應用，或引入獨立變項（或處置變項）並觀察他對於依變項的影響的研究設計。當研究問題是因果的關係，而獨立變項可以被研究人員操控（這對於婚姻與家庭是一大問題），那麼通常就會選擇所謂的實驗法了。

　　例如，許多軼事或印象主義指出社會對於單身的成人有負面的評價，尤其是對離過婚的人。假設研究人員想要知道婚姻狀態（獨立變項）是如何影響著個人的知覺（依變項）；則可以施用一小聰明的實驗設計來進行。例如，在一研究中（Etaugh and Malstrom, 1981），要求研究樣本閱讀一段文章並從中區分出文章人物的特色，其中除了描述婚姻狀況（已婚、寡居、離婚、從未結婚）被研究人員控制外，其它的內容均相同，換句話說有些研究的樣本評定單身的，有些則評定已婚的‧‧‧‧等等，在二十個被評定的特色中，已婚的個人通常被評為較其他未婚的個人群體受歡迎，而寡居的人在評等的十五或二十個項目中也較未婚或從未結婚的個人較爲受歡迎 (Etaugh and Malstrom, 1981) 。

　　許多實驗設計就像縱貫面設計一樣，對於相同的研究樣本施予多於一次的測量與觀察（前測與後測）。但是，進行實驗設計的理由是要知道降低或引入獨立變項後的變化，相對的，縱貫面研究設計的目的是研究非誘發的成熟及歷史因素的改變（是樣本發展的因素）。

　　實驗設計的型態有許多種，但是他們共同的特性是操控獨立變項。換句話說，施予處置並觀察處置後的變化。但是，在解釋結果時是根據給予處置後所觀察到的現象，而甚至於對於同一群體前測與後測的觀察也會具有風險的，因爲對於研究的發現都可以給予許多不同的解釋且都可以解釋得蠻像一回事的，或許在研究樣本（成熟）內的變動與發生的處置間並不相關，或研究樣本（歷史）變動發生的原因是由外部的原因所引起的。例如，假設對訂婚的雙方進行預測，然後在婚前給予溝通訓練的處置，六個月之後他們在溝通的分數上表現的好，促進溝通的後測的分數可能是由於溝通的處置，但是也有可能是因爲在夫妻雙方（成熟）間自然發生的變動或是教會或社區強調年輕夫妻準備結婚（歷史）的關係，而完全不是因爲處置的措施所引起，Cook和Campbell (1979) 將這樣的不適當的方法分類爲「事前的實驗」設計法並強調「眞的」群體實驗設計法，事前必備的是在給予任何的處置之前，必須是具備同等意義（或可以假設其爲同等意義）的控制和實驗組。

　　將研究樣本類似的特質在控制與實驗組裏配對的行爲經常會使用於組成那些應該要具有相等意義的組群裏，但是許多的作者對於此種方式認爲有重大的暇疵（Campbell and Stanley, 1963; Kerlinger, 1979），以一、二或許多的變項配對研究樣本對於研究的主題是非常重要，一方面讓研究可行，另一方面也是因爲有許多數以千計的潛在分不清的變項也許也必須被加以配對，有時候甚至還未被調查人員想到的變項變成對結果的解釋具有隱含的意義，基於這些理由，成功的配對還是非常不具有公信力的。

　　隨機——指沒有順序、規則或型態——的原則，在研究中有兩種重要的方法，稱之爲隨機分派以及隨機選定（Campbell and Stanley, 1963），隨機選定將會在抽樣的章節裏來討論，隨機選定研究樣本對於外在效度是非常重要的，也是可以將結果從樣本推論以保證內在效度最重要的原則，如果研究樣本以隨機的方式被分派爲控制和實驗組，那麼樣本的特質必須在控制或實驗的母體內是隨機分配的，當可以使用隨機分派時，它將成爲最有力建立事前實驗的相同條件群組的方法，但是，在平常研究的現實狀況中，隨機分派的樣本群有時候是非常不可能的（樣本可能存在於現存的群組或類裏，因此實驗人員無法掌控），在這樣的狀況下，另一個可行的方案爲準實驗設計或非實驗設計法就必須用來極小化對於內在效度與外在效度的威脅（Cook and Campbell, 1979）。

表2.1　基本實驗設計群組

(1)前測——後測控制群組設計

R	O	X	O
R	O		O

(2)只有後測控制群組的設計

R		X	O
R			O

(3)所羅門四群組設計

R	O	X	O
R	O		O
R		X	O
R			O

註：Campbell和Stanley (1963) 符號系統；R＝隨機指定；O＝觀察
　　值；X＝處置；從左至右爲時間面。

　　用Campbell和Stanley（1963）的象徵符號，表2.1列
出三種最爲熟知的實驗設計，在這個表裏，R表示研究主體
在被處置前已經被隨機分派、達成群組的平衡，X表示已被
實驗處置的組群，而O表示觀察或測量的依變項，Xs和Os
在同一列中表示應用在同一組人身上，而從左到右的方向
表示暫時的順序，Xs和Os互相垂直表示兩者同時發生。
　　在 表2.1 所列出的三種實驗設計可以控制內在效度的
主要威脅 （見Campbell and Stanley, 1963, 表1），使用
這些設計，強烈的推論是評斷處置X是引起群組在處置事
後分數不同的主要原因，如設計1所示，內在（成熟）的變

動或外在（歷史）對於樣本的影響，事前或事後都可能發生，但是這些影響應該在控制與實驗組中同樣被察覺，因為他們是隨機分派的。在樣本中唯一應該與系統化不同的是一組應被施予實驗處置的X，而另一則不必要，檢定的效果（給予前測）也應該影響設計1類似的群組和可能反應在事後未知的後測分數。使用設計2可以消除檢定的影響，此為簡單的前測，但如果群組是隨機組合而成且樣本夠大，那麼，也就不需要做前測了，設計3，所謂的所羅門四組群設計，綜合先前的二種設計，使前測的影響經由比較群組一與群組三和二和四後，在實際上可以測量。

實驗設計在人類科學上最主要的是群體實驗，這是指獨立變項被操控（給予處置）於實驗群組的所有樣本，且結果是由比較受控制而施予處置與不受處置群組的依變項的平均分數來測量的，但是，有時候只可能會非常需要只有單一研究樣本的實驗（Hersen and Darlow, 1976），單一樣本的實驗設計的邏輯類似於群體設計，尤其是操控獨立變項與觀察實驗結果的邏輯是一樣的。

在單一個案的實驗設計，最初的觀察期間包括重複性研究之目標自然行為（依變項）反應次數的測量，這種目標行為自然發生的頻率被視為基準線，據此是作為研究的標準，由此才可比較接下來的目標行為。例如，基準線觀察可以簡單的記錄父母親責罵或毆打小孩的次數，三個時點以上的觀察是研究行為必須建立的型態，而一般的規則是基準線應該持續觀察直到較為穩定的模式出現，兩個基

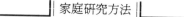

本單一研究樣本實驗研究設計的類型是用來測量對於個別行為如圖2.2的處置效果。

在逆轉設計（見圖2.2a）裏，處置（例如：精神鬆弛治療）是應用於目標行為（如：父母親的責罵）基準線的觀察之後，在基準線2的地方處置被移開或撤銷，以觀察目標行為「逆轉」或回到處置前（基準線）的水準。精神鬆弛治療可能可以應用在處置2與父母親負面行為之間建立一個功能性的關係，圖2.2a說明處置1降低超過一半的目標行為的個案，但是當處置被移開後行為回到處置前的水準。

另一個單一樣本逆轉的設計是多元基準線（見圖2.2b）。這是最實用研究變項與變項之間關係的方法，由此處置不會、也不應該因倫理或實際的理由被移除。由於研究樣本許多行為基準線的建立，調查人員應用實驗處置的設計給某種行為並觀察這種行為的變動，或許這些變動都很小，甚至沒有變化（這種研究設計的重要假設一種標的行為必須都相互獨立）。例如，行為導向臨床心理學者可能運用多元基準線方法以研究青少年問題行為的處置（尖叫、攻擊、尿床‧‧‧‧等等），第一個標的行為（尖叫），可以以刺激的處置（潑冷水在臉上）來處理，當標的行為降低，另一種行為（攻擊）開始被作為處置直到他消除為止，這種處理一直持續直到結束。

相關設計

a.逆轉設計

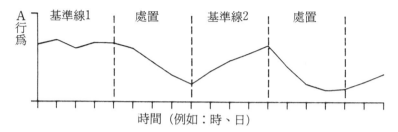

b.多重基準線設計

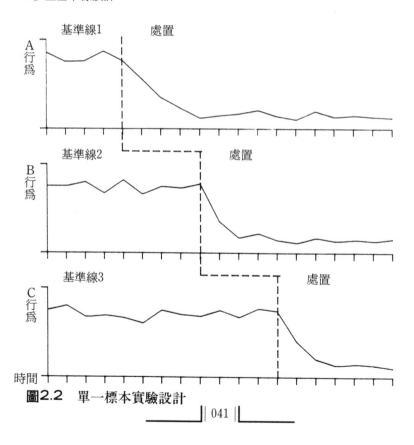

圖2.2　單一標本實驗設計

　　相關性研究可以從它的名稱知道是指以統計的方法來測量變項與變項間的關聯或相關的程度。相關研究是測量兩個或兩個以上的變項共變或同時發生的程度。例如，許多研究家庭大小與學術成就與聰明程度之關聯或相關情形，與探索性研究和描述性研究相反的，相關研究是用於檢定變項與變項間特殊的關係。

　　相關研究在測量兩個或兩個以上變項之間的關係時就像是實驗研究，兩者主要的不同是相關研究是用於研究不受調查人員控制之下的變項與變項間的關係。研究人員只能對於家庭大小、出生的順序、婚姻狀況等等做相關性的研究。換句話說，相關的研究設計是用於測量獨立變項不能或不應該被實驗操控的關係，相關研究通常是事後的研究（意思是在事件發生後），因為獨立變項（如性別、種族、婚姻狀況、家庭大小）已經是事實。

　　主要的婚姻與家庭研究都是相關或事後的研究，理由是這個領域已經朝向科學價值超過實徵測試關係的描述，但是在此同時，大多數的婚姻與家庭的研究問題都是非常的困難或不可能以實驗設計來進行，因為不可能以隨機分派研究樣本來加以實驗的處置並控制群組或操控獨立變項並觀察它的變化。這顯示婚姻與家庭研究致力於相關研究是因為適合有興趣研究此領域的學者的研究問題。

　　相關研究資料收集的方法有許多種（觀察、問卷、訪談‥‥等等）。在研究問題上最主要的不同，是問題和研究是如何設計的。實驗設計和事後的研究設計是完全不相同的（可操控的變項與變項間相關）。描述性研究與相關研究之間的主要不同不是在於程序而是在研究問題的詢問方法，就此也決定資料應如何來分析與解釋。事實上，變項、測量和資料收集的程序，在描述性研究與相關研究是相同的，只是相關研究之另一目的是期望了解變項之間的關係。

　　進行相關研究最快的方式之一是重新分析其它研究中別人已經收集好的資料。次級資料分析主要是那些原本不是要且通常由不是收集這些資料的人來進行（Hyman, 1972; Stewart, 1984）。對於現存次級資料的分析對家庭與婚姻的研究的貢獻相當大，一些現存的例子包括分析同伴在某一時期內影響個人與家庭發展（Elder, 1974）；分析家庭大小以及組成份子與兒童特質之關係（Blake, 1981; Kidwell, 1982）；分析婚姻品質對兒童的影響（Glenn and McLanahan, 1982）對離婚機率的影響（Cherlin, 1977）。這樣，次級資料的分析可基於初級的描述性研究調查或統計資料，例如：美國國家輿論研究中心（the National Opinion Research Center; NORC）所做的一般社會調查，其中大量的資料可以用來對婚姻與家庭做簡單的描述，但是這些資料亦可以使用於相關的研究中（Davis, 1978），如Reiss和他的同事們（1980）運用NORC的資料檔案來研究婚外性行為和其它變項如宗教、男女平等、婚前的性自由和婚姻幸福之關係。

加強研究設計的技術

　　一些用於強化研究設計的技術已經發展出來（如，在實驗設計裏爲了增加內部效度的隨機分派和隨機選定以增加類推的效果），其它用以增強研究設計的方法則在此節大略的描述。

　　調查人員可能假設父親在生產過程中的出現，可能與將來父親與嬰兒接觸後所表現出對他的興趣、感情與依戀有關。有些人可能會認爲父親在生產過程中的出現會增加父親正面的行爲，在理論中，獨立變項（父親在生產過程中出現）可以被操控爲有些父親要出現，有些則不出現的隨機分派，然後觀察這樣的處置對於依變項（父親的行爲）有什麼影響。就實務與倫理而言，當然，這種型態的設計在眞實的實驗組是完全不可能的，所以很少研究結果說明父親自動出現於生產過程中與父親的行爲有關係（Miller and Bowen, 1982）。如果，評斷父親行爲的觀察者事先知道父親會出現在生產過程中，這將會嚴重的影響研究的原來狀況。對於觀察人已知研究問題的研究，發現他們對那些父親曾經出現的研究，會有意無意的捏造或評斷父親的行爲朝向所期望的方向，在此例中，強化設計的技巧是讓伴隨父親行爲的觀察員不熟悉或完全不知道研究的目的，或至少對於父親是否曾經出現在生產過程中完

全無知 (Miller and Bowen, 1982) 。

　　另一方面在研究中，那些知道研究人員想要或期望的研究樣本有時候會捏造他們的行為或反應。在研究中，這些可能成為研究設計的問題，所以以研究樣本完全不知道研究目的做為強化研究的設計。在雙盲研究 (double-blind study) 設計中，研究人員與研究樣本者均保持不知道研究假設或接受了什麼處置，在實驗研究中控制研究樣本有時候會給予寬心劑 (假的處置) ，以便將他們的反應與那些實際收到真正處置的人來作比較。

　　以上有些強化設計技巧的例子是特殊策略使用的例子，用以配合一般問題的反作用。反作用的意思是只被研究的研究樣本知道被研究而有與平常不同的反應，因此而使研究的結果受影響或模糊了。研究設計是強化研究以擴展控制或降低反作用，有時候，程序或處置的使用可使研究不模糊或不具有反作用，因為他們不需要要求應答者合作或甚至他們的注意 (Webb et al., 1966) ，當研究樣本知道被研究，那麼以上所強調的強化設計的技巧有時候就可以派上用場了。

研究設計的主要原則

　　研究設計的關鍵原則是測量獨立與依變項的可能性假設，據此以發覺變項與變項之間的關係。在作實驗設計時，處置必須要是有計劃的以便有足夠的影響力量，這表示實驗人員必須使實驗變項確實有變化，在相關研究的邏輯也是一樣的，如果獨立與依變項沒有被正確的衡量，就沒有足夠的機會來發覺變項與變項之間的關係。例如，在社會階級（獨立變項）和兒童體罰的相關研究中，只使用中產階級家庭為研究主體是不適當的，因為社會階級的變項的範圍變化相當的大。在較廣泛的樣本中，無論使用不精確或粗略的社會階級變項都是不適當的，假若關係存在於被研究的變項中時，關係只可能在變項被正確的測量後才可能被發掘，這可經由實驗設計有力的處置以顯示出或經由測量非實驗變項，以此方式研究容許大範圍的變動。

　　並非所有依變項的變動來自於所引入研究中的獨立變項，有些的變動來自於干擾或誤差。因此，另一重要的原則是要將誤差項的變異極小化，這表示經由隨機誤差所引起的一系列分數的變異必須盡可能的降低，隨機的變異數因個別的差異，經由短暫的小過失，測量工具或程序缺乏信度而進入研究中，所以儘量的讓研究變數可以顯現出來而降低誤差項是必要的。如果誤差的變異數占總變異數的量很大時，那麼所想要研究的關係將會不明顯。

　　第三個重要的原則是必須要能控制外來的變項。外來的變項是指可能會干擾研究所要觀察的變項，所以要將它極小化，而成為不具有任何影響力，或將他們的影響力透過研究設計孤立起來。在依變項以外的變異數必須要消除，或必須能夠將他自實際的獨立變項之下分開來分析他

的影響力。一種控制外在變項的方法是透過同質的抽樣，
選定研究樣本來配合所要控制的變項。例如，透過只研究
白種人來消除不同種族的外在變項，但是這種方法結論的
推演受到限制。在實驗設計中最好（但不一定實際）的控
制外在變項的隨機分派樣本於群組中；在群組比較中，相
關但是不夠令人滿意的控制外在變項是指配對相關研究樣
本的組成變項。另外，潛在的外在干擾變項可以經由研究
設計而配對確定兩者之直接影響和間接影響來消除，外在

表2.2　MAXMINCON原則的摘要

MAX—使變項的變異極大化

　　　(a)讓實驗處置變項有足夠顯示的條件，或

　　　(b)測量獨立變項讓獨立變項可以有極大化的變異空間。

MIN—極小化誤差項

　　　(a)由於個別差異，使用相同變異數的研究設計

　　　(b)透過條件的控制和研究程序質的控制降低測量的誤差

　　　(c)增加使用資料收集測量的信度

CON—控制外在的變項

　　　(a)用同質樣本的抽樣消除困擾變項（排除法）

　　　(b)隨機化；隨機的分派研究樣本與實驗處置

　　　(c)配對研究樣本

　　　(d)讓外在的變項進入研究設計中（納入法）

　　　(e)運用統計控制移除影響的外部變項（共變法）

資料來源：摘自Kerlinger（1973），可應用於實驗與相關設計。

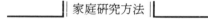

變項通常是為相關或事後的研究而控制，並經由統計的程序引出此變項對於研究問題的影響。

Kerlinger's（1973）MAXMINCON的原則是一實用的研究設計以說明相關——檢定的設計，並說明應如何控制變異數以助研究問題的解答，雖然實驗研究強調以文字寫成，在此部分筆者也採用實驗設計以說明MAXMIN-CON應用在相關設計的邏輯，MAXMINCON是由三個原則的字頭所組成；研究人員必須建構以符合以下條件的研究設計：(1)在研究假設裏必須極大化變數的變異；(2)極小化誤差或隨機變異；(3)控制外在干擾變數可能對於研究造成的影響，MAXMINCON的原則摘要在**表2.2**。

摘要

研究設計是設計來解答所要研究的特定問題。研究設計是一計畫、結構及研究程序的安排，目的是要盡可能的以最有效率及最經濟的方式找出特定研究問題的答案。

對於研究設計有許多不同的分類方法，沒有一個是可以完全接受的，有些的研究設計著重於探索性研究，有些則強調正確的描述，許多的家庭與婚姻的研究——人類發展的特別研究——利用縱貫面或橫斷面的設計去處理時間的變化，而變項之間的關係可以用實驗方式（操控處置變數）或如變數特質相關的共變（correlationally as the variables naturally covary)。

　　有一些研究設計的型態可以進入一研究中而使研究的結論更具有可信度，強有力的設計技巧包括非強制的測量以避免反作用，平衡對立的情況以產生具有順序的效果，運用對研究問題完全盲目無知的評論者等等。

　　在所有變數的相關性實證性研究當中，研究者應該考慮到MAXMINCON；極大化研究假設的變異，極小化誤差的變異，及控制或擴大所有可能與研究相關的變數。

關鍵概念

■配適　　　　　　　　Fit
■效率　　　　　　　　Efficiency
■計質——計量研究　　Qualitative-quantitative
　　　　　　　　　　　　research
■探索性設計　　　　　Exploratory design
■描述性設計　　　　　Descriptive design
■發展性設計　　　　　Developmental designs
　‧縱貫面　　　　　　　Longitudinal (panel)
　‧橫斷面　　　　　　　Cross-sectional
■群體實驗　　　　　　Group experiment
　‧處置　　　　　　　　Treatment
　‧控制　　　　　　　　Control

- ‧隨機　　　　　　　　　*Randomness*
- ‧隨機分配　　　　　　　*Random assignment*
- ‧配對　　　　　　　　　*Matching*
- ‧內在與外在效度　　　　*Internal and external validity*
- ■單一樣本實驗　　　　　*Single-subject experiment*
  - ‧基準線　　　　　　　*Baseline*
  - ‧逆轉　　　　　　　　*Reversal*
  - ‧多重基準線　　　　　*Multiple baseline*
- ■相關設計　　　　　　　*Correlational design*
- ■次級分析　　　　　　　*Secondary analysis*
- ■事後的　　　　　　　　*Ex post facto*
- ■反應　　　　　　　　　*Reactivity*
- ■強制的──非強制的　　*Obtrusive-unobtrusive*
- ■盲目的，雙盲的　　　　*Blind, double blind*
- ■寬心藥　　　　　　　　*Placebo*
- ■極大化極小化與控制　　*MAXMINCON*

第三章
測量

> 我們測量某些事有賴於我們對於這些事情的概念是
> 如何形成，對於這些事情的知識及所有我們可以運用
> 以執行測量過程的技巧與智慧，而不只是這些事情本
> 身而已。
>
> ——Abraham Kaplan

　　測量(measurement)是連結理論性的想法(概念)至
實證的指標(變項)的過程。在古典(Straus, 1964)及最近
的文獻 (LaRossa and Wolf, 1985) 中，婚姻與家庭的測
量方法已趨向於量化且遠離計質化的方法。數字的使用能
使測量的更明確，它取代計質化的標準，如：小、中等，
及大家庭的劃分，而用實際的家庭人數來計算。但這對於
「某些」或「幾乎所有」的婚姻中都存有許多的衝突，但
計算事件或量化暴力的次數而非用一般計質化標準則可將
這些事件說明的更清楚。很明顯的，像用「老年族」、「心
智開朗」或「虛弱」之類型會比用年齡、收入或智商區分

更難適用科學方法（Kaplan, 1964:174）。

　　瞭解計量方法是研究家庭科學的基本要素，但即使使用計量方法也不能保證能做好研究。高度量化的研究有一項危險稱爲「工具的使用法則」，凡事皆用高深的研究方法都必須考慮此法則（Kaplan, 1964）。可以瞭解地，有些研究人員不願見到婚姻與家庭的研究在數量上的減少（LaRossa and Wolfe, 1985），雖然有此一合法性的考量，本章仍然著重於計量方法的測量，因爲到目前爲止計量方法仍支配研究家庭的方法。

定義

　　測量最被廣爲接受的定義是在數十年前所下的：「測量是依照規則而對事情或事件所指定的號碼」（Stevens, 1951：22）。這對家庭學研究人員而言，除有小小缺點外，是個簡而有力的定義。首先，測量最明顯的定義是依照規則而指定號碼，定義中「規則」特別重要是因測量必須盡可能將因隨機錯誤之變異分數降爲最低。舉一簡單的例子來講，我們測量之規則可能指定1爲男性、2爲女性。基於自陳的報告或觀察的特徵，此一測量生物性別的規則應爲一相當精確而沒有誤差的測量方法。但是這些規則需更複雜化以便測量夫妻間正面的影響或評論。

　　Steven的定義對家庭學研究者而言最大的問題，在於必須包含測量之「標的或事件」,比較普遍的如婚姻的調適、親子之間的衝突,及其它雖然無形或觀念上有些模糊但必須考慮的事。假設我們所要的是尋找測量事物或事情之特徵,Steven的定義就可廣泛的應用。但是部分導因於這個困難,某些社會科學的研究人員 (例如:Blalock, 1979, 1982; Bohrnstedt and Borgatta, 1981; Carmines and Zeller, 1979; Zeller and Carmines, 1980) 最近建議用本章開頭之句子——測量是連結抽象觀念至實證之過程——作為研究方法上測量的定義。

連接概念與指標之明確的程序、規則、或指引經常稱之為操作性定義 (operational definitions)。測量之規則或操作性定義對「操作」的描述是以分數來表達研究變項以利測量的進行。例如:兒童對父母之依戀,可由當父母離異時,計算兒童尋找父母的次數或兒童所感受到的傷心程度來衡量,操作性定義主要是說明實際研究過程中變項所得之分數。

有時單一項目或觀察所得資料已足夠反映出研究人員所期盼的正確結果。例如常用於測量如:性別、種族、年齡、孩童之數目、結婚年齡等等特徵的例子。然而,當評估態度、知覺,及其它「潛在」或無法觀察之變項出現時,測量就變得較為複雜。

單一項目如:婚姻滿意度有時被用於測量變項 (Rollins and Feldman, 1970),但許多單項更常被組成混合分數 (composite score)。測量的構面可能是單一構面

（McIver and Carmines, 1981）或多元構面（Kruskal and Wish, 1978）所組成，例如：研究婚姻滿意度的研究中，Miller（1976）是使用許多的項目來測量單一構面婚姻滿意度；但某些研究人員（Spanier, 1976）對測量婚姻調適則包括一致性、凝聚力、滿意度等多元向度。這對組合混合分數測量滿意度、一致性、調適性、依戀性等都很重要。基本上單項僅反映部分複雜現象，混合分數比單項更能掌握測量觀念。用多元項目的混合分數亦可增加信度及效度，這將於本章後面來解釋。

標的（indicant）與指標（indicator）在測量裏幾乎是同義字，兩者的意思都是反應或指出將要被測量變項的部分概念，典型的指標結合了提供測量建構時單一或混合分數的索引（index）。儘管指標比項目（item）在觀念上更敏感，但他們經常互換使用，且多元項目之組成也增加了測量成就感、能力、或性向等變項的方法。

尺度（scale）也常出現在測量的部分並且具有許多意義。尺度有時代表可能的答案範圍，就像是當俗語「尺度之外」用於形容某人時所隱含的一連串數值的範圍。研究中，有許多普遍將尺度用於測量的方法，最簡單而且也是最常用的是總合比例尺度法，或李克氏尺度（Likert-type scale），在這種尺度當中態度用「強烈同意」或「強烈不同意」來衡量（ISR Newsletter, 1981; Likert, 1932），Guttmans之尺度分析程序（Guttmans's scaleogram analysis procedures）可用於建立一累計單一構面的尺度,所以也已經被使用於婚姻及家庭的研究中了。一個著名的例子為Reiss（1967）所發展出來的允許婚前行為的評量表,而此評量表也經常用於他理論上的公式之中（Reiss and Miller, 1979）。最近婚姻及家庭的學者使用雙構面的語意差異尺度（semantic differential scales）的方式（Osgood et al., 1957; Snider and Osgood, 1969）於測量夫妻間對於婚姻與家庭經驗（Campbell et al., 1976; Gecas, 1971; Miller and Sollie, 1980）。新的尺度仍然持續的在研究與發展中（Lodge, 1981）,或許尺度這名稱可代表測量工具（Maranell, 1974）。因此,測量雙向適應（Spanier, 1976）、家庭適應力以及凝聚力（Olson et al., 1982）都有現成的尺度或工具。

測量之等級

　　婚姻與家庭研究人員需了解測量等級,因為這對於選擇最恰當的統計分析而言相當的重要。概念是基於他們不同的特性與類別。例如,我們認為一個人之性別、種族及婚姻狀況乃為區分類別的號碼之一。連續性的變項如成就感、凝聚力或調和程度等都不是非一即二的現象,而是一連續性之程度的變化。連續性的變項之值依每個不同的等級而互有差異,相對於不同的類別或型態。類別或連續性變項普遍用於描述測量的類別,但傳統上測量被區分為:

名義尺度、次序尺度、等距尺度，及比例尺度等四級。

名義尺度

　　名義代表名稱。變數測量之值的層級在於其名稱而不是數字所代表的意思，事實上，「命名（名義）是將變項分類（類別的）」（Kerlinger, 1973：159）。性別是名義的或稱為類別的變項，它可分成男性及女性，這些類別變項之不同在於類而非數量或程度。當一個號碼指定至測量種類時，號碼僅用於代表這個群組而已（如：男性：1、女性：2），而沒有數字上之意義或性質（不能被排序或做計算等等）。

次序尺度

　　所謂次序尺度（ordinal）之意義是指研究變項（或測量的其它單位）所得分數可用來評定該變項之順序，在名義尺度上很清楚的我們不可以（因我們用2代表女性）說女性在兩性中是「較高」的，或為「較多」的生物。但是如果所測量的變項可用適當的次序尺度來評量，那麼就可將測量的結果排序。指定號碼去測量其順序就具有邏輯上之意義——配偶在婚姻上之衝突中，指出相互間衝突的次數較多者比較少者的分數還要高。但是，必須注意的是，次序尺度的號碼只代表順序而已。

　　　號碼完全不表示數量，也不意謂著相同的號碼就表示
　　　內部相等，因此我們不可以假設因號碼平等畫分，就

代表他們是平等的‥‥。沒有辦法可以知道任何人是
否無此一特點，次序尺度的評定不是平等區間的尺
度，所以他們不是從零開始。

——Kerlinger, 1973: 437

等距尺度

　　在等距尺度（interval）的測量上，就像字面意義所
隱含的，在測量分數上同樣的區間具有相同的意義。如：
婚姻的長短或家中孩子的人數等就是適當的等距尺度的變
項。在測量之點與點的「距離」代表著相同的意義，也就
是說介於1年至3年的婚姻長度與介於27年至29年間的婚
姻，其長度相同（兩年就是兩年，無論是在尺度的那裏都
是兩年）。相似地，有一個與兩個小孩的差額與有兩個和
三個小孩之差額一樣（我必須承認有三個小孩的疲憊父母
曾經攻擊過我這個邏輯，實證告訴我，有三個小孩確實不
像比一個小孩多兩個而已）。

比例尺度

　　比例尺度（ratio）在測量上不只是指點與點之間的
距離相同，且也具有絕對的零點，零表示沒有意思。說明
測量比例尺度例子（結婚長短與孩子的數目）是正確的比
例變項，因為人可以沒有任何孩子或完全不曾結婚。數學
上加減乘除的算術在比例的測量上是具有意義的（例如：
結婚十年有很多小孩是結婚五年但只有一、兩個孩子的兩
倍）。

信度

　　測量的工具或程序要具有信度的意思是指一致性（consistent）或相依性（dependable）。信度（reliability）是最基本的測量特徵，因為不可信賴的測量方法就代表沒有意義的結果。研究社會科學主要問題是誤解不可信賴之資料所做的結論，這比引用沒有意義的資料更糟，不可否認的，測量具有信度對於研究結果的意義是非常重要的。

　　另一個信度的意義是指測量誤差的相反，雖然我們的目標是盡可能達成最好的測量，但是在研究中總是會有一些錯誤產生，且錯誤愈多，可信度就愈低。分數中總變異數可歸於實際差異加上因測量錯誤所造成之變異。換句話說，信度是指由測量工具所產生的部分「真實」變異數對總變異數的比值。總之，測量是依靠分數中之變動反映出事件特徵真實的差異。Anastasi（1976）認為任何信度係數可直接由不同來源之變異數屬性的百分比來解釋。例如：信度係數為0.85表示在測試分數中有85％依賴於真實的差異特徵，15％在於誤差之差異。

　　測量之信度可用不同方式來計算，信度係數常被解釋成相關係數，以1.00表示完全信賴（實際上無法達到），雖然現在有許多方法可用來計算信度係數，但他們都有一項共通點，就是分數的一致性。測量信度可被區分成兩類：
(1)穩定性；(2)一致性。

測量的穩定性

如果測量工具是可信賴的，那麼這個測量工具對於相同的樣本所進行重複性的測量所得到的結果必定是相似的（假設被測量的樣本其特性或特質不變的情況下）。此類的信度稱為再測信度（test-retest），是經由兩次相同之測試或測量而得到相關之分數，所得的相關性可解釋其一致性或「穩定」的程度。在重複測驗程序中之誤差變異數乃因在處理測量中隨機變動（分散性或不同情況等）和研究樣本如因疲乏、壓力或疾病等的隨機變異所致。

一些對再測信度的關鍵因素是測驗之間，記憶力、活動力及發展變化之時間的長短（length of time）。一般而言，重複測驗相關性之規模下降，當測試時間增加時，此一測試時間通常間隔數週鮮少長於六個月（anastasi, 1976）。當然，兩次測試間距愈久，對事情記憶力愈減，對信賴度愈高；相反地，間距愈長，事情的實際改變愈可能發生。

複本（alternate）或平行（parallel）的形式是避免記憶性（remembering）問題或反應問題的方法之一。所謂複本式是以相同內容、不同號碼、相同之項目、相同之結構、格式等所進行的信度測驗，但很不幸地，複本測量的測驗結果很難得到同樣的分數。如果各複本測驗一個接

一個的進行，兩個分數的相關性將反應出信度或一致性
（信度的一致性的主張）。假使複本測驗由時間區隔開
來，那麼以重複測驗來檢定測量的穩定性就不會受到記憶
力的影響了。

　　測量的反作用力（reactivity）在再測信度是存在已
久的問題，例如：測量某一態度可能會改變受試者的意識
或敏感度，如此一來，此態度真正與第一次相比較之下，
產生了改變。這也是再測程序中常被置疑的，又稱爲受試
者的真正發展變化（real developmental change）。當
然，重複測驗程序假定兩次評價並未變化，所以此假定經
常受到質疑。更糟糕的是，沒有方法能區分前測與再測之
間分數的差異是由於受試者真實分數的改變及非穩定的測
量結果所造成的。因有此問題，現在估計信度的工具著重
於一致性而非穩定性，在進入一致性信度介紹前，應再說
明另一個穩定性的信度。

　　評分者內信度（intrarater reliability）與觀察者或
評定人員之穩定性有關。當觀察者成爲測量之工具，他們
對評等標準維持一致性是非常的重要的，特別是資料收集
維持在數週、數月或數年，觀察者必須維持測量的一致性
（就像測量的工具一樣）。因觀察者之厭倦或漫不經心將
非常容易造成評等產生前後不一致的現象。評等者之不一
致性，使測量的分數產生差異，但這是因爲測量產生錯誤
而不是因爲實際上的不同或因爲行爲的改變所造成。當被
研究的行爲可以由某些方法儲存時（如：電影、錄影帶、

文字等），評等人員可將資料拿出來重新評等。對於前後
評等的一致性或相關結果（對於相關係數或百分比的一致
性）、對於內在的信度或穩定性是很重要的。

測量一致性

信度一致性的意義有廣義與狹義兩種，就廣義而言，
相同性的信度是比較測量工具組成之符合性或同意性。折
半信度著重一個測驗的兩個相等的部分。其它形式如內在
的一致性則為每個項目之間的相同性，或每個項目與總分
之間的相關；評分者間信度是當測量某一變項時兩個或兩
個以上評分者之間的相關及同意程度。這些相等的特性容
後分別再做討論。

折半信度試著僅用一次去評量。每一樣本之兩個分數
經由反應而分為兩半，許多公式已被發展作為計算係數，
但二分法依於事物之反應。如何將項目分成兩組是一基本
的決定。比較第一組及第兩組經常不被建議因疲勞或偏見
所影響，所以奇——偶項最常用。

內在的信度一致性逐漸取代二分折半方法。前者基於
檢視所有項目同時之共變數而非將兩組相關聯。因每個項
目或指標個別地被評估，其與組成測量，內在一致性在最
初評定發展與信度是有用的。例如：如果項目分析對全部
評等相關性很弱，便可將其刪除。其組成結論量表將更一
致。最常用於婚姻與家庭領域中的係數為 "α" (Cron-
bach, 1951; Cronbach et al., 1972)。

　　評分者間信度乃兩個評分者當作測量工具時所測量之一致關係。評分者間信度之意涵及指被測量的工具是兩個評分者。當測量基於觀察者之判斷，歸類其行爲，研究者需知測量系統（評分者）的評分現象是否有一致性。每一評分者之一致性需將觀察者所見之現象相近。觀察者在實際收集資料分析其常被訓練到其一致性的比例（如：85%或90%同意）。電影或錄影帶中之行爲連續性，能被重複撥放，這對訓練觀察者有共同觀點時特別有用。觀察者由觀察中可評分；但評分者間信度也應用於資料評分表之一致性（Cohen, 1960）。

效度

　　效度最普遍之定義爲：「測量工具測量內容眞正所含蓋的程度。」這些工具不僅產生一致的結果，同時也反映研究者所要的建構（效度）。信度與效度之區別是有需要的，信度或缺乏信度之特徵在於測量本身；效度不是測量工具的特質，而是欲要測量的適當性。

> 因此，當信度著重實徵指標的特殊屬性——對重複測量的一致性結果。效度是著重概念與指標之間的實質關係。
>
> ——Carmines and Zeller, 1979：12

在用於一特定的研究問題中測量可能是可信賴但卻無效的。例如：智商測驗用於不同文化背景時，有效之問題與爭論提高——此一測量是否真正測得（智商、學習力）——而非僅得一致性的分數而已。

建立測量效度常用多種方法（如：訪問與觀察）去測量相同或相異的觀念（Althauser and Heberlein, 1970; Campbell and Fiske, 1959）。婚姻與家庭權威之研究之效度常用多種特質——多種方法之矩陣方法（multimethod mulitrait matrix approach）（Cromwell et al., 1975; Olson and Rabunsky, 1972）。婚姻與家庭研究方面之效度也因不同文化及不同研究對概念的操作型定義而產生。如婚姻適應或權威測量在數種文化因不同定義及觀念不同下而有不同分數。

如果測量是有效的，它必也要是可信賴的（排除隨機之誤差）。除非測量之現象可信，否則有效性無意義；另一方面，可信賴的工具無法用於測量任何事，在此我們將提一點，測量有信度，但不一定有效度，除非工具是可信賴否則無效。本節將描述更多評定一些效度之觀念。

內容效度

內容效度乃測量內容有效之程度，如我們要測量觀念A，（如圖3.1中最大的圓），內容效度表示測量其完全反應觀念。也許指標僅反映部分觀念（測量1與2），或指標在所要測量之外（測量3），在此例子中1是最佳測量，因

觀念A

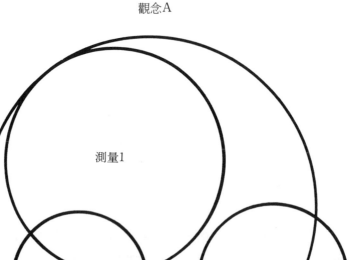

測量1

測量2

測量3

圖3.1　三種測量之內容效度的圖示

其比其它兩個含有更大觀念，內容效度僅考量指標是否完全或代表性的內容範圍。

　　內容效度在發展內容範圍中扮演著主要角色，例如：在發展算術成就測驗中，內容並無法充分含蓋，如果加減除項被包括，但乘項被剔除。不幸地，大部分婚姻與家庭觀念比算術能力分析還模糊。測量婚姻適應內容應包括什麼？是性別角色之信仰？凝聚力？抑或壓力？

　　社會與行為科學測量中有兩項與內容效度相關之問題 (Carmines and Zeller, 1979：21～22)。首先，被測量觀念能否一般性地被接受或難以被辨別？何種社會行為的（或婚姻及家庭）觀念應包括與不包括，並未有一致的觀點。相對地，測量算術則應包括加、減、乘、除四項則有共同的看法。測量夫婦或婚姻調適應否包含同意性、不同意性、衝突性與相容性或凝聚力 (Sharpley and Cross, 1982; Spanier and Thompson, 1982)。其次；隨機抽樣內容無法去創造測量。如果內容之範圍無法一致同意，當然也就不可能隨意用項目去代表每一向度或範圍。

　　內容效度雖然很重要，調查者通常用某些方面說明，除非一致同意否則無法建立 (Nunnally, 1978:93)。有些調查人員詢問在此建構內容方面的專家去判斷指標的充分性及整個測量方法，但這些企圖比內容效度來得無強制證據。即使強調內容效度的程序及假設之價值，有些社會科學家拒絕內容效度之觀念，因其在實證上無活躍之方法去評價 (Bohrnstedt, 1983)。結果，調查者及批評家經常地滿足於其欲測量觀念之方法及量表。

效標關聯效度

　　假如效度是評斷此工具所要的內容，則效標關聯效度則是測量工具與外在標準之關係。效標關聯效度能被評

價,例如:工作能力測量顯示與工作上的表現有關,夫妻相容性測驗與婚姻穩定性或婚姻適應有關。

有時效標關聯效度用來區分效標在同時間與測量工具之關係(同時效度)或日後再與測量工具之相關(預測效度)。例如:婚姻適應工具應可區別有苦惱的夫婦拜訪診所及和普通夫婦,並以此來說明此工具的同時效度。如果工具是測量現在婚姻,那麼他們的分數應有所不同,預測效度能用於新婚夫婦的婚姻調適測量上,他們的分數能預測其婚姻可能因離婚而結束,同時效度是指此工具與現在的效標有關;而預測效度是此測量工具與未來的效標行為有關。

(譯者註:預測效度比同時效度來得實用)

在婚姻和睦相處的例子裏,有清楚的案例說明當效標關聯效度在建立測驗或工具之價值是很重要的,例如:婚前關係工具,如「預備」(prepare) (Fournier et al., 1983)能顯示出預測效度;也就是說必然與日後婚姻承諾有關也與日後婚姻穩定有關。Fowers和Olson (n.d.) 最近提出:對148對夫婦之研究中,這些夫婦在訂婚起三年內被持續研究。「預備」分數由訂婚中能區別夫妻關係在三年後因離婚而結束及對那些快樂結婚者。這兩者有明顯不同的相關係數。

然而,許多重要的婚姻及家庭觀念以及一般社會與行為的建構很難去評斷效標關聯效度:

當效標關聯效度之邏輯是直接且其用途迫於實際情況下，此種效度對社會科學而言有其限制。更重要的是，假如沒有大部分用於社會科學的測量方法，則就沒有其它相關的效標變項。例如：什麼是測量自我的效標變項呢？

——Zeller and Carmines, 1980:80

　　假如測量分數與某一效標有一些明顯或合理的關聯性存在（例如：婚姻適應及穩定性），則評價效標關聯效度將是適當與令人期盼的。不像內容效度，效標關聯效度是十分實徵性，測量工具與效標之間的關係常被視為效度係數（又可稱為實徵效度）。

建構效度

　　建構效度基於理論而對測量應有之表現的方式有所期待，當理論預測之關係得到實證之確認，建構效度建立的證據才能有所獲得。因內容與效標關聯效度之限制，數十年前，「無論何時當無效標或共通的內容能被接受與充分的定義所測量之品質時，建構效度必須被加以檢視」 (Cronbach and Meehl, 1955： 282)。近來社會科學中優良的測量強調測量建構效度之重要性 (Carmines and Zeller, 1979; Zeller and Carmines, 1980, chap.4)。

　　例如：假設調查者希望能對新發展之測量方法中之性別傾向說明其建構效度。假設性別傾向之測量代表評價男性及女性之適當行爲（非男性與女性之不同，其相同或個人性角色認同），不幸地，儘管希望擴大內容測量之充分性，但並無法選出此一工具之共通內容。類似地並無合乎邏輯的效標行爲或特徵的量表可以診斷或預測。但由理論的理由和文獻中關於性別傾向中，調查者（例如：Brogan and Kutner, 1976）推測新的性別角色取向之測量將與性別有關（男性較傳統）、教育成就（低教育程度較傳統）、年齡（年長者較傳統）、宗敎（天主敎較傳統）等。這說明了假設經由實證中加強確立理論的預測關係，這例子，應澄清建構效度依理論的期待而延伸之測量表現被強化。

運用現有的測量工具

現在許多複雜的測量方法說明了好的方法不易取得，大部分研究者用個人經驗說明他們所想的充足測量並不可行。因爲發展與簡化工具非常耗時，工具之品質僅能時常改進，使用新發展之方法是項明智的抉擇。使用同樣方法也增加研究結果之比較性，運用重複、辯駁與累積證據更合理。當然，用不好的工具不是因其可用。依筆者之見，與其太常用漫不經心發展出之「新」方法，不如使用以前改良之工具來使研究更強化。基於此，一些社會學家細心地努力建立有用的工具應被廣爲人知。

工具來源

　　表3.1 係依英文字母排列用於評定婚姻與家庭常用的研究工具。大部分的工具也是測量人類行為所常用，Buros是最為人所知與了解的，其它焦點則在婚姻與家庭（如：Olson et al., 1982; Straus and Brown, 1978）之測量，孩童（如：Johnson and Bommarito, 1971; Walker, 1973）；或老年人（Mangen and Peterson, 1982）。Straus和Brown（1978）所著之書是最為人所了解的。

　　現有的工具不見得是好的方法，在很多案例中，研究者在選擇或創造屬自有的測量中，可從長期工具發展與改良中獲益。

摘要

　　測量是連結想法與現實、觀念與資料。操作性的定義敍述對研究之樣本中需有分數。測量需有系統的，且盡可能無誤的，對結果需有效、可解釋及有意義的。

　　有些變項可由單一項目衡量，但很多建構須由多項指標所組成。因多項指標組合能提供更完整且更正確的反應各人所作的研究。

　　有些變項（如：性別、婚姻）隨類別有所改變，每類由一些號碼所組合而成。名義尺度上之測量評定種類之差

表3.1 測量工具的來源

Bonjean, C. M., R. J. Hill, and S. D. McLemore (1967) Sociological Measurement: An Inventory of Scales and Indices. San Francisco: Chandler.

Buros, O. K. (1972). Seventh Mental Measurements Yearbook. Highland Park, NJ: Gryphone Press.

Buros, O. K. (1974) Tests in Print II. Highland Park, NJ: Gryphone Press.

Chun, K., S. Cobb, and R. P. French, Jr. (1975). Measures for Psychological Assessment. Ann Arbor: University of Michigan.

Cromwell, R. E. and D. C. Fournier (forthcoming). Diagnosing Relationships: A Measurement Handbook for Marital and Family Therapists. San Francisco: Jossey-Bass.

Johnson, O. G. and J. W. Bommarito (1971) Tests and Measurements in Child Development: A Handbook. San Francisco: Jossey-Bass.

Lake, D. G., M. B. Miles, and R. B. Earle (1973) Measuring Human Behavior. New York: Teachers College Press.

Mangen, D. J. and W. A. Peterson (1982a) Research Instruments in Social Gerontology: Vol. 1, Clinical and Social Psychology. Minneapolis: University of Minnesota Press.

Mangen, D. J. and W. A. Peterson (1982b) Research Instruments in Social Gerontology. Vol. II, Social Roles and Social Participation. Minneapolis: University of Minnesota Press.

Miller, D. C. (1970) Handbook of Research Design and Social Measurement (2nd ed.). New York: David McKay.

Olson, D. H., H. I. McCubbin, H. Barnes, A. Larsen, M. Muxen, and M. Wilson (1982) Family Inventories. St. Paul: Department of Family Social Science, University of Minnesota.

Robinson, J. P. and P. R. Shaver (1969) Measures of Social Psychological Attitudes. Ann Arbor: University of Michigan Press.

Shaw, M. W. and J. M. Wright (1967) Scales for the Measurement of Attitudes. San Francisco: McGraw-Hill.

Straus, M. A. (1969) Family Measurement Techniques. Minneapolis: University of Minnesota Press.

Straus, M. A. and B. W. Brown (1978) Family Measurement Technique: Abstracts of Published Instruments 1935-1975 (rev. ed.) Minneapolis: University of Minnesota Press.

Walker, D. K. (1973) Socioemotional Measures for Preschool and Kindergarten Children. San Francisco: Jossey-Bass.

異,而非它數量或程序,其它測量是由等級所設計,以成捕捉持續的程度,其在數量與程度上是持續的。次序尺度代表「多或少」之特質,事物能用排名來測量變項,等距尺度測量表示持續性的資料不僅有能力加以排名也能測量兩點等距發生。比例尺度與等距尺度資料相同,除評等中有絕對零點。

信度和效度是兩項重要課題,信度是測量工具及過程本身的特性,它是捕捉測量真實分數。對研究而言,方法需可信賴才有意義。測量需可信的且有效度的。

測量婚姻與家庭變項有數百種工具,大部分調查者將被建議使用,至少建立前人研究基礎上而非由牛瓦中起步。

關鍵概念

- 測量　　　　　　　　Measurement
- 操作型定義　　　　　Operational definition
- 項目,指標,標的　　Item, indicator, indicant
- 索引,混合分數　　　Index, composite score
- 尺度　　　　　　　　Scale
- 測量的水準　　　　　Level of measurement
  - 名義尺度　　　　　　Nominal
  - 次序尺度　　　　　　Ordinal

- ・等距尺度　　　　　　Interval
- ・比例尺度　　　　　　Ratio
- ■信度　　　　　　　　Reliability
  - ・穩定度（再測信度　　Stability（test-retest,
    評分者內信度）　　　intrarater）
  - ・一致性（折半信度，　Equivalence（split half,internal
    內部一致性，評分者　　consistency, interrater）
    間信度）
- ■效度　　　　　　　　Validity
  - ・內容，表面，社會　　Content, face, social
  - ・效標關聯（同時，預　Criterion related（concurrent,
    測）效度　　　　　　predictive）
  - ・建構　　　　　　　　Construct
- ■現存的測量工具　　　Existing instruments

第四章
抽樣

每一個人都有固定的看法

　　就像所有的人

　　像某些人

　　不像其他的人

　　　　　——Kluckholm and Murray

　　所謂抽樣是選取某些應該被研究的人或事。有時候研究人員想要知道有關於婚姻或家庭的特定特徵或問題，而其他的研究人員可能想要研究婚姻和家庭的一般性問題。他們的研究樣本（婚姻、家庭）將需要廣度延伸，或許以全國的規模爲基礎。大部分的例子在眞實的情況下要將所有的家庭納入研究當中，是不可能或不切實際的，這除了將花費太長的時間，花費也太高了，並且也會降低所獲得資料的正確性。由於以上的理由——效率、經濟、和正確性——所以社會學家就發展了以選擇代表性的次要團體來研究。

　　如何選定次要團體？或稱為抽樣，已經成為如何解釋研究結果的重要因素。在所有研究的案例中，若透過詳細且慎重的策略來選定這些研究群體，研究則將會更有價值。但是有時候，非常小心的控制抽樣的計劃並不是那麼的重要的，樣本應如何被選定，依研究目的的不同而有所不同。快速且初步婚姻為家庭主題的探索，或低頻次事件的研究，或公共政策制定所需之正確婚姻或家庭行為的測量等不同的主題，可能都必須使用不同的抽樣策略。

　　在社會科學訓練中如政治科學和社會學，抽樣程序系統化成長進步的相當快速，或許這是因為這些訓練便於對一般人口使用大規模的調查。婚姻和家庭研究的學者從抽樣程序借用許多這些訓練，在最近才將重點使用於婚姻和家庭的研究上 (Kitson et al., 1982) 。

定義

　　一般使用樣本的意思是指子集合或全部的一部分。廚師只抽取一湯匙的湯作為樣本；而家庭研究人員的樣本可能由所有想要調查的相關小樣本數組成研究的樣本。以更科學的話來說，所謂樣本是個案（個人、婚姻或家庭）稱作樣本要素 (sample element) 。換句話說，所選定的組或樣本要素來作為研究的是大母體的一部分，有時候，實際上研究的重點是研究主體的樣本而忽略了這些樣本組是否有仔細的從所定義的大母群體中選定，樣本的概念、想法，對與母群體的關係中有明顯的意義，母群體（population）是指在完成樣本組群的研究後可藉對此樣本研究的結果類推的範圍。

為了要將樣本的研究結果類推到研究的母群體，樣本要具有不偏或是與母群體不具系統上的差異對於研究來講是非常重要的。例如，在研究年輕夫妻結婚決策過程時，就不適合將研究結果類推至中年夫妻或一般的夫妻上，從樣本推演至母群體一般化的主要關鍵是在於樣本的代表性；樣本必須代表，或像母群體，一個有代表性的樣本的相反是有偏差的樣本；如果每一種重要的樣本特質的分配是與母群體的分配具有相同的比例，那麼此樣本就稱為具有代表性。

抽樣的方法

以下就更明確的來討論抽樣在家庭研究中的本質（Kitson et al., 1982）。在社會科學中，一般所被接受的慣例，主要可以將樣本分成兩類：隨機樣本是指從已知的母群體中所抽選出來的樣本，而由此可將每一個包含樣本中的抽樣案例發生的可能性（稱為機率）計算出來，如果整個母群體都是被研究的對象。隨機樣本也可以由樣本本身而估計出樣本資料和可能發現結果的邊際誤差（Sudman, 1976）。其它就是所謂的非隨機樣本──研究樣本的母體群組是未曾定義，而且不可能估算出的抽樣方法所帶來的潛在誤差。雖然隨機樣本最準確與精密，但是非隨機樣本在婚姻與家庭研究中也具有相當重要的地位。

非隨機樣本

　　非隨機樣本是某些特定研究情況下唯一且較好的選擇，若母群體無法被清楚的定義出來，那麼就必須使用非隨機抽樣的方法。例如，有一個博士班學位的研究生有一次想要進行雙性戀者（對於異性或同性沒有特別的偏愛）的探索性研究。因為雙性戀者相對於其他人而言其比例相當少，且其數量也未知，故無法定義母體群組的大小，所以這位學生沒有任何其它的選擇，而必須訪問那些他所有可以發現的少量雙性戀者。雖然他可以在他的研究裏描述這些研究的樣本，但是若要判定這些他所訪問的對象即代表一般雙性戀者是不可能的，也就是說他無法以他所研究的一小羣樣本而真正歸納出有關雙性戀者特徵的結論，所以也就無法將他對雙性戀者的研究的特質所下的結論類推至整個雙性戀者的母群體。

　　即使在可定義的母群體中抽取一具有代表性的樣本，假如所研究的現象極少發生於這些樣本中，則此抽樣方法可能就不是最實用的方法。Zelnik和他的同僚曾隨機抽取15歲至19歲的樣本以研究青春期懷孕的問題，但是他們考量到這種方法可能會失去效能，因為他們想要將研究偏重

於那些已經懷孕或曾經懷孕的青少年（Zelnik et al.,
1981）。在青春期懷孕的個案中，大部分在對青少年隨機
抽樣的訪談都白費了，因爲大部分的青少年根本沒有研究
者所感興趣的懷孕現象。

一般來說，非隨機樣本最適用於研究人員想要研究的
樣本是還沒有或不能被定義的母群體。這種研究是較探索
式與計質化的，且要將假設歸納而非對假設做檢定。如果
研究著重於相對發生頻率較低的事件（如集團結婚或無子
女），亦即在採集充足樣本時需高額成本的大規模普查中
很少發生的事件，此方法也較爲可行。

非隨機樣本有許多的名稱，偶發的或便利樣本等兩個
名稱能清楚地說明它的意義，而且樣本也包含在內，因爲
他們很「方便」且通常隨手可得。研究樣本在便利的樣本
裏通常由班級或其它的群組裏徵募，他們可能因看了廣告
或聽了公告而自願接受研究。

雪球抽樣（snowball sampling）是另一種非隨機的
抽樣技巧，尤其常運用於當潛在的研究樣本很難定義時。
雪球抽樣開始於少量認識研究人員的研究樣本，其他變成
研究樣本的人認識已成爲研究樣本的人，這樣持續下去，
就像雪球因爲滾下山而變的愈來愈大。在前面雙性戀的研
究所提到的，研究樣本透過雪球抽樣技巧定義出來，運用
研究樣本的網絡來知道其它的樣本來源有其優點與限制。
它可能是唯一可以定義難以定義研究樣本的方法，且也是
可以凝聚網絡的一部分而使參與者更參與研究的方法。但

是這種方式也具有嚴重的風險，因為樣本對於未知的外部
狀況將具有偏差，因為不是社會網絡部分的個人將不會被
研究人員包含於研究的樣本中。

　　配額抽樣（quota sampling）是發展作為獲得公共
意見資料最方便的方法，且此種方法被精緻化至高度水準
以作為確定當代政治投票的基礎。一個配額的樣本經由性
別、年齡，和種族而選定出來，這些配額的設定是近似於
已知一般母群體的顯著特質。應用已知的母群體特質並增
加所瞭解的主要變數，作為民意測驗專家考慮實驗使用的
配額抽樣，但是配額抽樣很少被婚姻與家庭的研究人員使
用。

　　立意樣本（purposive sample）是由那些研究人員
認為具有大母群體的代表性的樣本選擇而組成。因為研究
樣本的特質，樣本「故意」選定。在1970年代，研究人員
對於婚姻與家庭的形成理論和理論的結構工具表現出豐富
的興趣，測量這些興趣與家庭理論家的活動，Klein等人
（1977）寄調查問卷給那些致力於理論的研習會或已發表
的理論性文意或書籍等，由他們故意選定的家庭專業人
員，因為沒有任何方法可以知道從研究實際特質或代表所
感興趣的一些大母群體樣本所獲得的研究結果的好壞。

機率樣本

　　若抽樣程序是根據讓每一個組成的樣本都有相等機會
被抽中的原則，這樣的樣本就是簡單的隨機樣本（simple

random sample）。在實務上這樣的樣本很少被應用，因為需要列出所有的樣本的組成份子（家族、家庭或樣本），包括經由隨機程序所使用的計算與選定的方法，但若母群體很大則是一種非常沈悶的過程，因此就發展出許多的捷徑。

系統隨機樣本（systematic random sample）像簡單的隨機樣本一樣，要求完全將母群體的組成份子列出，但是，在抽樣分數（組成份子的數量包括於樣本除以母群體）決定後，系統化的程序只是從第一個樣本組成份子裏隨機抽取，第一次從母群體中隨機選定，然後每隔N個樣本（樣本間距的寬度）自動的納入研究的樣本中。因為第一次的選擇是隨機的，因此每一個案例都有機會被包括於系統化的隨機樣本中。比較系統化的樣本與簡單隨機樣本主要的優點是顯而易見的，隨機選定只需要做一次而不是每次選定時都必須要重複第一次的動作，這樣一來就會省時省力了，因為在每一N個之後選定一樣本替代了在新的隨機號碼和所有列出的樣本組成份子必須向後或向前選定的方式。

分層抽樣（stratified sampling）是用於增加樣本正確代表研究的母群體的機率。樣本的分層只有依據已考慮或已知與研究相關並著重的變項。例如，若一樣本的抽取是為了研究關於性別角色的態度，盡可能極大化具代表性的男女生樣本的回卷率將會非常重要。過去，在簡單的隨機抽樣裏，女生比較願意完成調查人員的訪問問題，但是，

職業婦女可能較少願意參與回答問卷。而工作可能與女性
對於性別角色的態度有相當重要的關聯。在這樣的研究中
若第一次的抽樣以母群體的性別與職業做為分層的條件，
並由每一群組中隨機抽取可能會使研究的結果更有意義。
若樣本的選定與母群體的數量成比例可能會是比例性的分
層隨機樣本，或是非比例性的分層隨機樣本的選定，因為
數量在一般的母群體裏太小，由於樣本太少使得成比例的
樣本將產生較高的抽樣誤差風險。

　　當研究整個的大母群體時，簡單或系統隨機樣本都是
非常可行的方法，因為要求的條件是必須將所有的樣本組
成份子列舉出來，並給予獨特的定義。另外，若是使用直
接訪問做為資料收集的方法，而直接寄送問卷至不同地區
裏幾百（幾千）的受訪者，所產生的費用將會相當的高。
集群、區域，或多元步驟的抽樣方法是應用於抽出大母群
體的隨機樣本，程序開始於第一次抽出大地理區域（或集
群），如：州、地區，或大的都會區，在每一區域中選擇。
所以樣本是從小的地理單位（如人口普察的小冊子）中抽
出。樣本首先抽出住宅區然後家庭和家族，一個由Camp-
bell及其同事在1976年所做的有關美國生活品質的研究，
應用了大量的婚姻與家庭的資料，就如多元步驟樣本
（multistage sample）字面的意思所代表的，由包括所有
的大群體開始到較小的群體，逐漸減少抽樣的單位直到家
族及真正的應答者被定義出來為止。

摘要

　　人口的樣本或子集合是指那些被選定做爲研究主體的群組，抽樣的目的是爲了要有效率、經濟，並使正確的樣本特質可以以很正確的抽樣機率技巧選入研究樣本，而使得可能發生的事件可以被發覺或計算出來，機率抽樣的方法包括樣本隨機、系統隨機、分層隨機，和區域、集群，或多階段的抽樣。

　　非隨機抽樣是使用於無母群體且機率結果的組成因素無法決定的群體中所作的選擇，非隨機抽樣的方式包括便利或意外、雪球、配額、和群體的抽樣。

　　若想要讓研究的結果可以類化至研究的所有母群體（就如所有案例中所希望的），主要的關鍵在於樣本的代表性，如果樣本沒有誤差且具有代表性（像所觀察的母群體），樣本的發現就可以推演至整個母群體。

關鍵概念

- 樣本　　　　　　　　　Sample
- 母群體　　　　　　　　Population
- 樣本要素　　　　　　　Sample element

■誤差樣本　　　　　　　Biased sample
■代表性樣本　　　　　　Representative sample
■抽樣架構　　　　　　　Sampling frame
■抽樣的區間　　　　　　Sampling interval
■非機率樣本　　　　　　Nonprobability sample
　・共變，偶發樣本　　　　Convenience,
　　　　　　　　　　　　　accidental sample
　・雪球樣本　　　　　　　Snowball sample
　・配額樣本　　　　　　　Quota sample
　・立意樣本　　　　　　　Purposive sample
■機率樣本　　　　　　　Probability sample
　・簡單隨機樣本　　　　　Simple random sample
　・系統隨機樣本　　　　　Systematic random sample
　・分層隨機樣本　　　　　Stratified random sample
　・集群，區域，多元　　　Cluster, area,
　　步驟樣本　　　　　　　multistage sample
■類化(推)力　　　　　　Generalizability

第五章
資料收集

觀察、探測

挖掘細節

讓自然的秘密

慢慢的展開

——Goethe

　　前幾章所提及的都是資料系統化收集之前的準備階段。在對想要發現的現象與如何進行研究沒有清楚的構想之前，談資料的收集是沒有意義的。基於某些的想法、觀點，或對於理論的期望、研究問題或目的必須先形成以作為研究的藍圖、研究問題、目的，或假設對於研究要如何設計，主要變項如何測量、樣本如何選取，都有重要的意義，而資料收集是研究程序中下一個邏輯的步驟。

　　在所有資料收集以前的研究步驟有可能由起初的構想和對於構想的討論及準備所組成。但是在資料收集的階段，研究人員的心會離開辦公室，及圖書館等庇難所，面

對眞實世界的狀況。資料收集可能由至某一實際的田野去
訪問或觀察人而組成，也可能包括帶領這些人進到實驗室
以便更能控制觀察的資訊，或是找檔案、縮影影片，或在
法院或一些其它資料博物館的公共紀錄的錄音帶，與收集
初級資料之前的研究程序——大部分都是與心理活動相反
的，資料收集的步驟在研究過程中都是身體要力行而會
「讓你的手變髒」的階段。

在資料收集的過程中，研究人員必須作一些準備讓有
用的資料可以盡可能的有系統並順利的獲取，資料收集的
重要工作是獲得研究樣本，及樣本的合作、同意，測量工
具的前測，並準備實際的行動去取得最好資料。

獲取合作

有時候要收集的資料是大眾範疇的一部分，這樣一來
獲得合作與其說是一個小問題，不如說是一個爭議性的問
題。例如，在公共的地方觀察有（或沒有）小孩的夫妻
(Rosenblatt, 1974) 可以不經任何人的同意。從公衆場
所填一些表格資料或與政府官員談話以便獲取資料，如法
院離婚的資料檔，可能就是很普遍的資料收集方法之一。

有三個小孩的我，就經常想到關於系統化觀察父母與
小孩在雜貨店時，存在於他們之間的親子互動關係，尤其
是在付錢的櫃檯時（你可能注意到這些父母親與小孩要經

過的小通路的空間裏有許多的糖果）。但是，除非我們獲
得同意，否則經理可能不會讓我或我的調查員拿著記錄板
或錄音機站在櫃檯附近很久。在安排獲得雜貨店對我們觀
察的同意時，他能讓經理同意調查人員在平常他們觀察顧
客的行爲的小房間或辦公室來記錄父母親與小孩的行爲更
好。但是這樣的要求會侵犯到他們的工作空間、時間和例
行性的雜貨店工作，這帶來一些在獲得合作的主要問題：
爲什麼一些人要與研究人員合作，而另外一些人就會拒絕
呢？

　　在研究中，我們的研究小組以定契約的方式來進行家
庭關係、性態度與高中生行爲的調查。在幾個月的計劃之
後，我們心中非常的確定什麼是我們想要做的與怎樣做會
是最有效率。我們準備我們的調查並隨機抽取本州的十二
個學校作爲我們的樣本（以學校的大小分層）。在公立學
校校長的簽字後，我們寄出我們寫來解釋我們研究的信給
這十二所高中，並要求他們的合作。因爲州的教育部是我
們的贊助者，而校長對於我們進行的研究已經背了書，我
們預期在面會十二個學校與學生時不會有太多的困難，但
是我們完全錯了。不管誰對這個研究背書或贊助，四個學
校的校長「禮貌性的拒絕」讓我們在他們的學校進行有關
於學生對性的態度與行爲的研究。與其對我們隨機抽樣的
樣本做許多的讓步，我們決定改變抽樣的方式，爲了取代
從官方學校的紀錄中抽取學生樣本並在學校訪問他們，我
們設計出一個較好的計劃。在所有抽取的十二個學校中我

們直接列出所有學生的名字、住址和電話號碼，並由此抽取我們的隨機樣本，然後再寄出介紹研究的信並以電話直接告訴抽取樣本的學生家長。在我們獲得學生與家長的同意之後，我們在學生家完成了所抽取樣本約75%的學生訪談。

我們並沒有預期學校高層會拒絕我們與學生在學校的面談，但是他們對於這些敏感問題在學校到處問感到十分不安。他們是，或認爲這樣會使他們面臨某些風險，但結果是父母反而比學校的管理人員更願意讓我們進行訪談，而在家訪談的隱密性使受訪的結果比原本設計在學校進行的訪談還要好。

有時候通路或管道，在家庭研究人員可以接觸到參與研究樣本前，必須要經由學校的管理人員或企業的經理人、官方的經紀人、父母，或一些其它的通路的所有人的許可。甚至於除非研究是公衆的一部分或樣本是年紀較小的兒童，研究樣本必須要與研究人員合作以讓研究人員收集資料。通路的管理人與研究樣本兩者都有許多的理由可以拒絕進行研究。因爲研究通常會讓研究樣本花時間並干擾他們正常的例行性工作，對於研究樣本，尤其是在婚姻與家庭的研究的案例中，研究問題可能讓受訪者感覺不舒服、具攻擊性或具有風險，例如：研究人員如何獲得合作以研究婚姻衝突，或詢問有關於婚姻中的親密行爲或婚外情的問題？

有時候在某些的研究中要獲得一些研究樣本或公家機

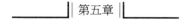

關的官員合作會比其它的研究還要困難些。這些困難來自於研究主題之下敏感的天性，或私人的抵抗、害怕，或參與人員的不確定性，因為獲取合作可能幫助完成或破壞一個研究，表5.1說明了一些獲得合作的障礙與其可能用以克服他們的解決方法。

表5.1　獲得合作的障礙與一些可能的解決辦法

障礙	可能的解決辦法
浪費我的時間	給予誘因，如資訊、錢、禮品，或服務
我沒有興趣	引起利他主義者的共鳴（每一個應答者都是關鍵人，幫助科學的前進），給予誘因
這將增加我的成本	事先支付所有的開支
這將會打擾已建立的例行性工作	儘量不要打擾對方及參與工作的員工
這具攻擊性，太私人了	保證將以極機密的方式或匿名的方式處理
這樣對我將產生風險	保證將以機密的或匿名的方式處理，給予利益

研究樣本的保護

前面所談到關於獲取通路管理人與研究樣本的合作基本獲得同意的道德。獲得同意是指要有足夠的研究資訊給予受訪者，以讓他們可以根據這些資訊決定是否願參與研究。獲得同意的法令始於保護藥物與生物研究，如將未曾對人測試過的藥物給沒有被通知或那些沒有同意的受測者，及對弱勢團體（接受福利的人、犯人、精神病患）進行研究實驗等可能會讓受試者認為自己被逼迫參與研究。但是聯邦法律「獲得同意」限制所有以人為研究樣本的研究，主要的獲得同意的組成因素包括：(1)對於研究的目的與程序的解釋；(2)潛在的風險的描述；(3)潛在的利益的描述；(4)對於可能對研究樣本有利的替代方案的揭露；(5)答應回答所有的問題；最後(6)保證研究樣本無論在任何時候與任何理由都可以退出研究。

獲得同意法令毫無疑問的保護了人類研究樣本在研究中的權利，並使之提高了讓社會科學的研究者注重研究的道德問題（Amreican Psychological Association, 1973; American Sociological Association, 1969）。但是這也製造了一些問題給社會科學家（Diener and Crandall, 1978; Reynolds, 1979），特別是婚姻與家庭的研究人員（LaRossa et al, 1981）。因為以人類為研究樣本的法令最初被發展來保護對研究樣本身體的傷害，若不可能申請田野研究，有時候就會變得有些困難 (Duster et al., 1979) 。尤其是在考慮告訴研究樣本要做什麼研究與期望的結果通常會對回答的結果造成影響而讓研究的結果有偏頗，另一方面，受訪者對於潛在對他們有害的事情的研究樣本有權不被欺騙或欺瞞 (Thompson, 1981) 。

對於計質的家庭研究人員而言，獲得同意的問題變得更為尖銳，因為他們要努力保持彈性以便獲取意料之外的想法。簡單的說，計質研究人員的資料收集方法不是知道所有會發生的，研究的主題都是相當的私人，其他可能不是在預期之內的人與活動可能經由研究樣本於面談時提出來討論。「所以，與其他的研究人員比較，計質的家庭研究人員只能解釋部分將要檢測的研究內容，研究人員所不能知道的研究內容與他們可以對研究樣本解釋得還要多」 (LaRossa et al., 1981: 305) 。

很多婚姻與家庭研究的獲得同意問題包括兒童，和他們參與所引發的其它相關問題。兒童可能更易於接受到壓力，與具有較少的知識與經驗，也無法評估他們所參與的研究的意義。對於兒童有一些特別的法令來管理對於兒童所進行的研究 (U. S. Department of Health and Human Services, 1983) ，但是基本法令的要求，研究人員必須獲得參與研究的年紀較輕的小孩父母親的同意，依年紀與瞭解能力的不同，小孩仍需要被通知並要求他們的同意，而且，孩童的權利總是被認為高於研究人員的權利

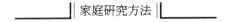
(Society for Research in Child Development, 1973) 。

　　總之，資料收集要求至少要考慮道德並尊重人類研究樣本的權利，政府的法令要求任何由聯邦基金所贊助的研究都要經過評審委員會 (Institutional Review Board; IRB) 機構的評定，以確定研究樣本的人權受到保護，研究樣本主要的人權，特別是關於資料收集是所謂的被告知的同意權。就像一些家庭研究人員曾寫的「我們認為主要的問題是取得看透私人，普遍與感情背後原本的家庭生活的平衡以對抗這些通常易於防害家庭的隱私與親切的企圖」 (LaRossa et al., 1981:312) 。

先鋒研究與預測

　　將所有的研究拿來比較，資料的收集必須盡可能的系統化或一致化。但是在實際資料收集的世界裏，許多的因素會使資料收集出差錯，在資料的收集過程當中沒有出大差錯或小差錯的很少。不完善的資料收集程序是資料一般錯誤的主要來源，程序的不一致性也會造成對研究嚴重的威脅或甚至於完全的破壞整個研究，而大量的資料也會變成有問題的資訊，另外在資料收集過程中所產生的嚴重問題也會使資料變成毫無用處。

　　避免或降低以上許多資料收集邏輯性難題的方法是進

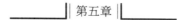

行先鋒研究或預測。所謂先鋒研究（pilot study）是進行一大型、更複雜，和成本更高研究前的小型研究。先鋒研究的設計完全與大型的研究相同以便讓所有的研究程序、工具，和甚至於初步的分析等都要試驗。先鋒研究有助於認定可能的問題和找出「毛病」，以便在進行以後的大量研究時，時間、精力和金錢將不會被浪費，一個對於先鋒研究適當的比喻為新船在長途航行之前的「試航」。

比較簡單的先鋒研究可以說就像預測，但是預測這個名詞在研究上有兩個特定的意思。就像在第二章已經討論過的，預測在實驗或準實驗研究設計中有時候會給予處置前與處置事後的實驗完全一樣的程序。因此，比較預測與先鋒研究的組成，預測（pretest）是指預先試用將要使用的測量工具於實際資料的收集上。這像是練習應用將要使用的資料收集工具於將要參與實際研究的樣本上。預測的目的並非真正的要收集資料而是要在進行真正研究前精化、修正，並消除研究工具的毛病，將不清楚的評等類別，經由在實際資料收集前的研究工具的試用，消除在問卷中模糊或不適當的語句。

資料收集的類型

某些資料收集的型態帶有強迫性，因為他們強迫研究樣本瞭解而且甚至也可能會改變被研究人的態度或行為。

另一方面，有時候資料收集會以秘密或謹慎進行的方式進行，讓研究樣本不知道他們已經被研究了（例如：我們假設在雜貨店裏觀察父母親和小孩）。傳統的研究裏，關於謹慎的測量（Webb et al., 1966）與修正的陳述（Webb et al., 1981）中，其中比較有說服力的論點是討論資料的收集只依賴訪談與問卷的弱點。這些調查的工具「強迫作為外來的因素進入他們要描述的社會，他們創造了測量的態度，引出不定型的角色和回應，限制了可以會面與會合作的結果」（Webb et al., 1981:1）。所以作者要求對於比較謹慎或沒有回應的應答者，其對於相同的變項之測量方法雖然必須使用相同的方法論，但是必須對其弱點加以補充。

有些程序非常的直接（direct），如計算目標行為的次數（例如：父母親說「不」的次數），然而其它的程序可能較不直接（indirect），如從回答中推論關係的質。有些資料收集的樣式有賴於應答者的或內部人（insiders）他們自己所感受到的來作自陳報告，而其它的樣式是根據測量外人（outsiders）（Olson, 1977）來作觀察。

雖然有許多方法用來作資料收集，本章將選定並著重於那些對於婚姻與家庭研究人員而言最重要的加以介紹。家庭研究方法使用調查法要比其它的研究來的多（Hodgson and Lewis, 1979），然而，發展心理學家則傾向於直接的觀察（Brody and Endsley, 1981; Furstenberg, 1985）。雖然歷史的（Elder, 1981; Laslett, 1972; Wrigley and Schofield, 1981) 和人口統計 (Blake, 1981; Teachman, 1983) 的方法近年來擴大使用於家庭研究之中，但是本節重點還是放在調查法與觀察法。

調查資料收集法

　　所有的調查法都是自陳報告式的，是靠詢問問題而組成。若研究的主題是應答者可以且願意回答的或是某些事情只有研究樣本知道，則可使用調查法。有時候調查法僅僅著重於婚姻、血緣或養育等等。但是，在較廣的社會科學調查和統計數字中，許多主要的婚姻與家庭變項——如婚姻狀況、婚姻的長度、小孩的數量等等——也都會使用調查法。結果，產生了大量關於婚姻與家庭的調查資料。

　　有許多的方法可以收集調查資料，包括：(1)問卷；(2)直接（面對面）訪談；(3)電話訪談。雖然任何一種技術目前都曾使用於婚姻與家庭的研究裏，但是電話訪談約自1980年才開始應用於研究中，每一種調查法的優點與限制將在接下來的章節裏討論。

　　問卷　指在調查法中用以讓應答者記錄他們回答稱之的。問卷 (questionnaires) 已經大量的使用於婚姻與家庭的研究中了，可能是因為相對於其它的方法這是較為簡單、快速，和便宜的方式。問卷通常寄給應答者或送到班級中的群體手中，不誇張的，已經有成千的大學生被調查有關於他們的家庭導向、約會與求愛的經驗、他們的性愛態度，和許多其它婚姻與家庭的主題。

　　另外，關於快速與經濟，問卷可以以不具名的方式進行。匿名（anonymity）的意思是如果沒有辨識的符號或號碼在問卷上，應答者就無法被辨識，而應答者也會被告知說「研究人員將無法追蹤他們」。由此問卷的回覆可能會更完整，雖然郵寄問卷必須寄到特定的住址，通常他們都會給予一些特別的暗號，以便在沒有收到回卷時可以跟催，但是應答者可以將辨識碼去除以匿名的方式回答。最為普遍的匿名的問卷是用於集體作答，以不具名的方式將問卷傳回，讓應答者無法被指認出來（如對於老師的評量）。保證以匿名的方式對於鼓勵應答者完整的回答問題可能是一重要的因素，尤其當所研究的是社會敏感的問題（婚前性行為、同性戀），或非法的事（使用毒品、犯罪行為）時。

　　問卷相對於其它的資料收集方法是比較快與經濟的，因為不需要應徵、訓練、派出訪問者以獲得回覆，因此問卷大大的降低了在訪談中所必須要的人事成本。研究人員對於郵寄問卷的應用在最近幾年發展出了特別的方法（例如：見Dillman, 1978），這些的努力，成功的讓郵寄問卷的回卷率大幅度的提高（Goyder, 1982; Heberlein and Baumgartner, 1978）。

　　由於以上所提的優點，問卷已被廣泛的使用，或許即使當其它資料收集的研究策略比問卷還要適用於研究中時，研究人員也會使用問卷。問卷並不能像訪談一樣，允許研究人員檢查資料的品質。例如：如果應答者不瞭解所詢問的問題，他就沒有辦法獲得澄清，而若應答者的答案並不完整或不適當，也沒有辦法尋求更適當的答案。若某些問題是跟隨前面的回答，或如果有其它的複雜問題，問卷的應答者可能就會受挫或感到迷惑。換句話說，問卷只能用於受過教育的人，尤其是受過良好教育的人更為適用。另外，問題與調查的形式必須盡可能的簡單並儘量避免使受訪者迷惑。

問卷最適用於簡單而非深入或複雜的研究主題。雖然說將問卷歸類於快而不具深度是太過份了，但是對於資料的品質而言確實存有其合法性。

直接（面對面）訪談 在問卷法與訪談之間最大的不同點是訪談者。所謂訪談（interviews）是一種以訪談者詢問受訪者問題並記錄受訪者的回答的研究方式，經由受過訓練的人面對面的訪談（face-to-face interviews），這在大型的調查研究中心已經成為最佳的資料收集的方法。Schuman（1982: 27）曾經觀察在早些年裏調查的大型樣本，一般來講訪談的成功率為那些樣本的80%到85%，但是「在最近二十年，這個數字已經下降到即使成功率為75%也會被認為是相當好的，而65%是較為普遍的成功訪談率」。雖然直接訪談的成本比問卷要來得高，但是他們提供了較高的彈性，且可以完成較深而複雜的問題，而資料收集的結果就更完整與正確，面對面訪談的許多重要的優點可以抵消高成本的考慮。

在婚姻與家庭的研究中有許多情況使用面對面訪談是

最適當的資料收集方式。就如以上所建議的其中之一，當調查人員要探測更細微，複雜主題的深入問題時，面對面訪談在調查人員不是非常確定在結構性問卷裏要問哪些問題時；面對面訪談也會成爲被選用的資料收集方法，在此一案例中，訪問者將預先準備半結構性的問卷以引出主旨以及主題，而不是只是詢問有標準固定答案的問題而已 (LaRossa and LaRossa, 1981; Gelles, 1974)。

　　如果必要，訪問者可以將問題解釋清楚，或當目標已出現和所感興趣的主題產生差距時，面對面訪談可以尋求更多的細節或更明確的說明。專業的調查中心對於訪談者的訓練做了很多的訓練並評量他們的績效，因爲這會對資料的品質有極大的影響 (Institute for Social Research, 1976; Thornton et al., 1982)。

　　電話訪談　在現實的情況下的電話訪談 (telephone interviews) 是介於高品質但是高價格的面對面訪談與快而便宜但是流於表面的問卷法之間的另一種選擇。電話訪談結合了明顯的速度與相關經濟的優點並容許訪問者聽，並和受訪者達成互動。電話訪談的結果以相對的資料品質來說並不很昂貴；在研究電話訪談與面對面訪談的回答率和資料品質的比較上，一般來說電話調查法在兩方面都相當的平衡 (Jordan et al., 1980)。雖然電話調查法一般被認爲更有可能被終止訪問，但這是因爲在訪問中有太多的主題或內容所造成。

　　電話訪問的資料收集技術在一般人都有電話的情況

下，此一研究策略已經成為更可行的資料收集方法。雖然電話已經非常普遍了，但是未被列出的電話號碼也愈來愈多，解決此問題的技巧是隨機數位的撥碼方式，藉此讓每一個有電話的家庭都可以有機會包含於研究的樣本中，而不論是否被列於電話號碼簿上 (Klecka and Tuchfarber, 1978)。

少數的婚姻與家庭的研究人員會使用電話調查，造成這種狀況的原因是由於電話訪問的優點變得更能讓大家瞭解所以正在改變中。較早使用電話訪問是用電話來追蹤年輕夫妻間的關係的變化所進行的縱貫面研究 (Huston et al., 1985)。另一個最近的研究 (Gelles，1984) 是以電話訪問國內的樣本提供所需要的資料以估計在美國兒童被拐走的情況。在一對於家庭寵物的電話研究中，應答者表現出對此一主題感到非常有興趣並且非常願意花長時間於電話中談有關於他們寵物的事情 (Albert，1985，personal communication)。

總之，任何一種資料收集的調查樣式對於婚姻與家庭研究都有它們個別的優點與限制，這些優點與限制列於表5.2中，對於調查方法論的改善可能會影響到未來的調查如何進行。例如：最近研究人員對影響郵寄問卷回卷率的原因 (Dillman，1978; Heberlein and Baumgartner, 1978)，使用開放式及封閉式問題的格式 (Schuman and Presser, 1979)，和用字對於回卷的影響 (Schuman and Presser, 1981) 等產生研究的興趣。或許對於設計婚姻與

表5.2　調查資料收集的類型

類型	優點	缺點
問卷	費用低；快速；容許以不記名方式進行	不解釋，回答問題，或探詢進一步的問題
面對面訪談	可以檢查效度（非語言的行為所代表的意思）；可以非常複雜；仔細；彈性	最昂貴；需要選定，訓練，並對訪問員的品質進行控制
電話訪談	非常快；可以以不記名方式進行	訪問時間受到限制

家庭調查研究而言，最顯著的改變將會是研究測定電話訪問與面對面訪談的回卷差異的方法論結果（Groves and Kahn, 1979）。電話訪問是較為快速，所花費的成本約為面對面訪談的25%（Klecka and Tuchfarber, 1978）。

觀察資料收集法

　　在許多研究的狀況下資料收集以觀察研究樣本要比問他們問題來的恰當。嬰兒與年紀小的兒童就必須用觀察法而非調查法。一些行為的互動是非常的複雜，最好的瞭解方式是經仔細的觀察，若研究的目標是要知道某些行為的次數（笑、接觸），實際去計算這些行為的次數將會比自陳報告來的好。當研究樣本不知道你所提出問題的答案，或若他們可能不會說實話（「在正常的對話中，多久你會『貶低』你的另一半？」），這時候觀察法會比自陳報告更為適當。

　　觀察法（observational methods）是觀察和紀錄行為發生的系統化過程。觀察的範圍從一般、總括或質量（molar）方法對於特定行為因素更為精確的分子組成（molecular）分析。舉一個非常質量化觀察法的例子來說，對於男女合校的女學院生的評等是由女同學將問卷交給他們的指導老師。研究人員所收集的資料都是由應答者填妥的問卷。但是，對於生理的吸引力是由女同學走到班級前面時，觀察他們的動作所作成的評分，女同學的魅力分數是根據所觀察到的生理的吸引力將問卷分為七等份（Kaats and Davis, 1970）。最具有魅力的女學生描述自己時，表示本身有比其他人更具有來自於性關係的壓力，而且，性關係的牽連更廣。這是一個典型質量評量尺度（molar rating scale）的觀察法，依此，所有觀察的特質或行為被轉換為單一的分數。對於婚姻與家庭的觀察方法更具有分子組成的步驟，一般可分為兩類（Filsinger and Lewis, 1981; Gottman, 1979; Lamb et al., 1979）：第一類稱為事件抽樣（event sampling），他是由計算特定目標行為（target behaviors）發生的次數所組成。在20～30分鐘裏發生的所有行為之中，研究人員或許只對於兒童的分享行為，或對父母誇獎和鼓勵他們小孩的行為有興趣。這些目標行為必須要定義得非常清楚，讓觀察人員可以記錄他們發生的可信賴的行為。

觀察法的第二種或更顯著的分子組成方法（molecular approach）稱為區間或時間抽樣技術（interval or time sampling technique）。這已經發展到讓觀察可以分為許多不同的小單位，通常為10秒或相當於10秒。每一個區間的觀察者紀錄各種發生的行為，再次的，每一種行為的代號必須要小心的定義以便觀察，但是短的區間會使得評分者的協定易於達成。有時候抽樣觀察被分為包括觀察的可選擇性區格的區間、記錄、觀察等等。在許多的個案中，連續性或持續性的行為傾向（stream of behavior）在時間區間結束前要以最快速的方式盡可能的將行為完全記錄下來，然後立刻開始下一個區間。甚至於更精密的方式傾向技術的解碼系統使用電子解碼的設計或用錄影的方式紀錄下來，以便讓所有的行為可以觀察並儲存下來作為以後的取得分析。

在婚姻與家庭的觀察研究中有許多重要的次主題，如：觀察法的使用情況是否在「自然情況」下實施、在家或在公共場所（Kantor and Lehr, 1975; Steinglass, 1980）、或是在「人為設定」的某些實驗室裡（Reiss, 1981）？與這個疑問有相關的，如：將要使用強迫性或非強迫性的觀察法？研究樣本知道被觀察引起對於反作用問題的考量，例如：在母親病房中早期父親與嬰兒的互動觀察中（Miller and Bowen, 1982），被直接觀察的父親之反作用是非常明顯的；當觀察護士進入病房時，父親就會停止抱和與小孩玩，而將小孩還回他太太的手上轉而看電視。

　　一般來講許多的程序已經發展來作爲社會互動的觀察或行爲的測量（Lamb et al., 1979），特別是用來評定婚姻（Filsinger and Lewis, 1981）和家庭（Riskin and Faunce, 1970, 1972）。這些組成了區間行爲資料的評分類別，反之，其它爲家庭成員中模擬或增強例行的互動技術。

　　互動過程的分析（Interaction Process Analysis，簡稱IPA）（Bales, 1950）是一重要的編碼系統的設計先鋒，尤其是在婚姻與家庭的研究。雖然這十二類的IPA編碼計劃是由社會學家開發來應用於研究小型的特別設置的群體，這也應用在許多早期的擇偶決策制定的觀察。研究發現在觀察中講最多話的夫妻對於婚姻的決策影響更多，當這個研究剛開始時，很明顯的，太太比先生表現出更高度的感情或社會情感性的行爲（Kenkel and Hoffman, 1956; Strodtbeck, 1950, 1951）。早期特別設計來對小群體的觀察和家庭群體對工作或工具的角色定義，和社會情感角色是兩個在小群體行爲的主要狀況，這樣的發現產生一典型（過份）關於婚姻與家庭天生角色差異的說明（Parsons and Bales, 1955）。

　　其他的研究人員設計了許多不同的狀況和計劃以模擬婚姻或家庭的互動，如此一來，可讓所感興趣的變項可以更容易的被觀察出來。研究整個家庭的研究人員對於將觀察研究法與其它不同的婚姻和家庭的治療方法相結合特別感興趣 (Reiss, 1981; Riskin and Faunce, 1971; Winter and Ferreira, 1969)。模擬家庭活動的測量 (Simulated Family Activity Measuremt，簡稱SIMFAM) 和模擬職業的型態 (Simulation of Career Patterns，簡稱SIMCAR) 是設計來讓研究人員能操控實驗變項並直接觀察家庭行為或家庭互動變項的內容 (Straus and Tallman, 1971; Tallman et al., 1974)。另一方法是由 Strodtbeck (1951) 所描述基於「差異顯現的技術」 (revealed difference technique)，因此夫妻同時面對他們之前已給予研究人員不同答案（衝突）的問題，這種技術對於夫妻互動可以應用在顏色配對程序 (the Color Matching procedure) (Goodrich and Boomer, 1963) 和較晚的婚姻衝突的量表 (the Inventory of Marital Conflict) (Olson and Ryder, 1970) 中。

摘要

資料收集是研究過程中的人工部分，除非是獲得高品質的資料，才可以回答研究問題並不被破壞原有理論上變項與變項間的關係。

預測的工具與過程，或設計一個完整的前測研究是保證資料收集將會順利並盡可能讓問題不受限制的好方法。

　　獲得研究樣本的同意以收集資料並保持合作對於婚姻與家庭研究中經常是必要的。人類樣本的權力與尊嚴必須要受到保護，這已由聯邦政府設定法律了。大部分的研究個案中的研究樣本，在得知研究的目的與關於將採行對保護他們身份和極小化對他們的風險的步驟後，才可同意參與研究。但是，這有時候很難完全告知研究樣本，因爲主題與要旨會引起不期望的結果，尤其是在相關的非結構性的田野訪問。另一例子如：告知所有的研究樣本有關研究的目的將會損害研究的效度，因爲主體的反應動作將改變他們的回答或行爲而讓他們自己看起來更好或幫助研究人員找出研究人員想要找的。

　　有許多關於婚姻與家庭資料收集的模式及技巧，範圍從現存的資料檔、文件和文獻，問人家問題和觀察行爲。問卷調查透過問卷的收集個人訪談，和電話訪談都是最普遍的婚姻與家庭資料的收集方法。檔案的調查也是很重要的婚姻與家庭資料的來源，尤其是對於研究的過程、互動，與那些樣本可以或不可以（嬰兒和年紀較小的兒童）用口頭的方式回答調查人員的問題，資料收集較爲可行的模式有賴於研究問題及實際的經濟、時間和合作的狀況。

關鍵概念

■獲取通路　　　　　　　Gaining access

■獲取合作　　　　　　　Obtaining cooperation

■合作的干擾　　　　　　Obstacles to cooperation

■不合作的解決方法　　　Solutions for noncooperation

■研究樣本的保護　　　　Protection of human subjects

　・經通知後的同意　　　　Informed consent

　・利益／風險　　　　　　Benefits/risks

　・獲得回答的權利　　　　Right to have questions
　　　　　　　　　　　　　answered

　・退出的權利　　　　　　Right to withdraw

■先鋒研究　　　　　　　Pilot study

■預測　　　　　　　　　Pretest

■資料收集的模式　　　　Modes of data collection

■現存的檔案與文件　　　Existing records and
　　　　　　　　　　　　documents

■調查　　　　　　　　　Surveys

　・問卷　　　　　　　　　Questionnaire

　・面對面訪談　　　　　　Face-to-face interview

　・電話訪談　　　　　　　Telephone interview

■觀察　　　　　　　　　Observations

- 質量的　　　　　　　　Molar
- 分子組成的　　　　　　Molecular
- 事件抽樣　　　　　　　Event sampling
- 時間或區間抽樣　　　　Time or interval sampling
- 行為傾向　　　　　　　Stream of behavior
■資料的品質　　　　　　Data quality

第六章
資料分析

電腦唯一能夠思考的事是你所正要做的事。

——Jane Post

　　迷失在資料中是非常容易的。所謂資料處理是將資料做有系統的組織與安排，以使研究的結果可以來解釋現象的一種過程。當最後一次的面對面訪談完成後、最後一份問卷回收後、最後一次的觀察記錄完成後，或獲取最後一筆數字後，調查人員必須知道怎樣來處理收集來的資料。理想的情況是：在資料收集以前，資料分析的計劃必須有大略的概念以配合引導研究的研究問題。特殊的資料分析計劃通常是必要的，例如：在學生的畢業論文的研究計劃書或是在申請公家或私人贊助的研究計劃書中都必須列入。然而對於證據這並非是不尋常的或會成為資料分析探試的一部分。而重點是，如果能夠根據所設計的計劃，資

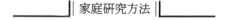

料分析的效率會是最好的，就像是當採礦人員知道要找什麼、到那裏去找時，其生產力會最高的意思一樣。

　　資料分析的特定步驟與收集資料、問卷的類型有關。計質性資料的分析，若基於深度訪談，就必須要與主要或大部分的研究人員研究的附註或手稿要有一致性。分類或主題的產生和相關的一般類別之資料分析方法，在過去古典的婚姻與家庭研究的案例中作為分析資料的方法已經廣為被接受了（Cuber and Haroff, 1965），但是在最近亦有些應用此方法的例子（Gelles, 1974; LaRossa and LaRossa, 1981）。

　　但是，當代最主要的婚姻與家庭的研究則有賴於電腦科技技術與統計程序的計量分析的輔助。這也是立刻可以從各種婚姻與家庭研究的公開發表的專業學術性雜誌中得到證實。因此，在本章中將強調計質性資料的分析，在計質性資料分析的一般步驟包括：資料準備、資料輸入、資料轉換、以及統計分析等。

資料之準備與輸入

　　在資料收集後，資料被輸入電腦之前必須要「準備」一下。這通常是因為資料收集的格式（例如：調查的小册子或觀察人員的評等表格）都未經設計過，所以必須經過「準備」後，資料才可以直接轉換至電腦裏。例如：口頭的答案或是觀察的類別通常必須要被「編碼」成為數字，讓電腦可以處理的更有效率。雖然應答者可能已經被要求寫出他們的職業抬頭與工作種類，他們的答案通常會被歸納為職業狀況的變數而以下列方式來解碼：1——專業人員（醫生、律師等等）；2——管理人員；3——技術人員等等。相似的，在觀察表上的記錄符號也必須按行為先後順序或行動的期間為標準而轉碼成為代表特定行為的數字型態。

在某些的研究裏，原始資料的轉碼可能會相當花時間，且愈是複雜或沉悶就愈容易造成錯誤。因為編碼是花時間、昂貴，而且是資料錯誤的來源，但是在目前的技術上已經發展到可以極小化必須準備資料的條件了。在婚姻與家庭的調查中，例如：答案是「編碼前」的次數，那麼數字就必須與每一種可能的答案相配合，用以取代「你的婚姻狀況為何？」，應答者可能會被問及：「你的婚姻狀況為何？」——你是：

*1.*單身，從未結婚。
*2.*結婚（第一次結婚）。
*3.*再婚（第二次或以上）。
*4.*離婚。
*5.*寡居。
*6.*其它。

在觀察方式的研究中，機械和電子化的技術已經被發展來記錄研究所記錄下來的資料，而不需要再做進一步的編碼。這類的設計曾經增加使用於婚姻與家庭的研究中，與電腦的數字鍵盤相配合以便讓研究人員可以在觀察行為發生後以最快的速度鍵入電腦中。這種觀察結果的記錄機器可以以正確的順序儲存大量所觀察到的行為，然後這些資料就可以直接轉換到電腦裏了。

很幸運的，由於科技與技術的先進，降低了資料準備上因必須耗廢時間而致使發生錯誤的潛在機率。但是仍然必須確定在輸入電腦做分析之前準備好，每一筆資料都必須要有各自的辨識碼，且資料必須再檢查看看是否有重複輸入、不合法的號碼及其它簡單的錯誤。

有許多不同輸入資料的方法以方便將電腦的執行。就利用電腦鍵入以分析資料的歷史而言，轉碼表會拿到資料輸入員手中，這些人會將資料輸入到80欄的卡片中然後由電腦自動讀入。雖然卡片可以在不同的地點執行，但是目前最常使用的資料輸入方式是使用電腦的鍵盤輸入螢幕的終端機。取代創造一實體的資料卡記錄，以往常用此來讀入電腦中的資料，資料直接輸入（Direct Data Entry，簡稱DDE）是將資料從螢幕上直接鍵入電腦中並自動儲存的一種過程。其它流線型的資料輸入包括可以以光筆落在特定答案紙上某一點以讀取資料的光學掃描器，所有的資料輸入電腦的方法都可以應用在婚姻與家庭的研究中。

資料操控與轉換

　　一旦原始資料輸入到電腦中之後，通常在分析之前都必須將資料轉換成為可以控制的型態。所以可能必須寫一些特殊的程式來處理資料使之成為特定的格式，如將資料排序、或合併和分隔成不同的資料檔。在婚姻與家庭研究當中最常使用的套裝軟體（如SPSS、SAS或BMDP）也必須要建立起來，以便經由執行檔案中變項的計算操作而來處理遺失的資料、記錄變項、和建立新的變項。

遺漏值

　　在大多數的研究案當中都會發生所謂的遺漏值，不論是故意或是由於應答者的忽略、面對面訪談人員所留下未被回答的問題、與某些觀察資料可能被遺漏的情形。若在某一研究案中有大量的遺漏值，可能會成為任何一個研究分析的敗筆。通常只有某些研究案中的一小部分資料會遺失，而必須要對此部分作些努力，但是若要放棄整筆資料則太過於浪費。在此情況下研究人員可以對所遺失資料的部分做「遺漏值」的宣告，讓資料的計算只包括那些有效的資料，在有遺漏值的個案分析中電腦會宣稱將遺失的資料放一邊讓遺漏值無法干擾分析的結果。這個程序可以只對有效用資料的變項執行並檢定分析而不放棄整筆資料。

記錄變項

　　資料的輸入必須非常強調以他們原來的型態來輸入，但是對於某些分析而言，研究人員可能會希望以稍微不同的方式來研究某一特定的變項。例如：變項「小孩子的數量」（每生下來、活著或在家庭中的）都已經輸入作為原始的數目，所以範圍從0到5、6或7，在大範圍的調查和研究包括高度多產的群體（例如：落後地區Hutterites，摩門教區域）中，小孩子的數量可能會是兩位數字的變數（00、05、06、07），這樣實際的數字才可以包括有兩位數（10個或更多）以上小孩的父母親。

　　假如調查人員想要的是實際小孩的數量，那麼記錄可能就是必要的，但是有許多特別的類別如：(1)那些沒有或只有一個小孩的（小家庭）；(2)那些有兩個或三個（粗略的平均）；(3)那些有四個或更多人（大家庭），這可以經由將小孩數量的變數轉碼成00和01代表1，02和03代表2，04及超過此數字的號碼代表3來記錄此變數的樣本。自此之後，記錄小孩數量的編碼號碼將只會有三個答案——稱為：小、中、大。研究人員通常會將此視為臨時的過程，因為將來研究人員可能還必須要回到原始的資料裏去分別尋找哪些人沒有小孩，或只有一個小孩，或有許多小孩（七個或更多）的家庭，而這對研究人員而言可能也會是相當的重要。

建構變項

　　婚姻與家庭的研究人員經常使用人為的變項。這些由人為所建構的變項主要有兩種型態。第一：混合指標（composite indices）是指結合許多項目企圖要測量普遍性相同的建構（如婚姻調適或性別角色導向）；第二：有些建構的變項不是指標或混合的尺度，卻是變項數字的合併用以讓婚姻與家庭的變項操作化的建構起來，像是比例或比率。

　　比例等於發生次數除以母群體總數的結果。因為母群體的基礎將會有所不同（比較在不相同的時間但相同地方或相同時間但在不同的地方），它也是最有效可以用來比較不是事件總數的方法（出生、結婚、離婚），但是這些事件的數字受控於母群體常數。很多婚姻與家庭的比例一般以下列的公式來計算：

$$\frac{15\text{-}19歲女性生產的人口總數}{15\text{-}19歲女性的人口總數} \times 1,000$$

　　由此一公式所計算的是15-19歲的生產數量比例，或是每1,000名15-19歲的女性的生產量，這樣的計算方法可以使不同地方的數字可以作比較。

　　有時候婚姻與家庭的研究人員對於比率較感興趣，例如：在檢測小孩子對於婚姻的影響時，就會假設太快有或有太多的小孩子對於婚姻會造成不良的影響（Hurley and Palonen, 1967）。在此概念下，稱為兒童密度（child density)，所以必須將有小孩的時間與數量列入考慮。雖然直覺的興趣建構了變項，但是簡單的將小孩的數量依結婚幾年後出生的，來加以分類並不能產生明顯有效益的結果 (Figley, 1973; Miller, 1975)。

在建構變項的另一個必須決定的主題是分析的單位，在婚姻與家庭的研究的關鍵變項的可能會是只有將先生與太太的分數都考慮進去的配偶之間關係的觀點，或建構的變項可能是反應整個家庭的所有成員所建立的聯合分數。當測量夫妻或家庭群組的最好方法可能是計算平均的分數或鑑別分數；但是，這都是概念化或統計化的複雜主題 (Schumm et al., 1985; Thomson and Williams, 1982; Tiggle et al., 1982)。

混合量表或指標是相當的普遍應用在婚姻與家庭的研究上。有許多的方法可以建構這些量表與指標，範圍從簡單的加法程序到非常複雜而隱含許多人工操作的加權計劃，建構混合的量表是一實際的測量變項的行動，但是他可以（且通常必須）在原始資料已經輸入電腦後，進行正式統計分析之前進行。

統計分析

社會科學進行統計分析要記得一原則：找尋最簡單與方便的統計方法 (keep it short and simple, KISS)。

　　雖然統計分析讓資料簡單化並降低資料的複雜程度。但事實上，有些人曾說「若世界上所有的統計學家最後能放棄統計，這將是一件好事」，統計只是讓我們瞭解資料的工具，統計應用於研究中，目的是降低數以百、千萬計的資訊成為更簡單且可以交叉列表的格式以便讓研究人員可以做出關於資料的結論。此一部分將要對應用於婚姻與家庭研究中最為簡單的統計方法做一概略的介紹，若要更進一步的瞭解就必須閱讀其它的社會行為的統計專業教科書。這些書裏都有許多複雜的統計技術的應用與解釋。例如：長久以來對於統計技術使用於增強名義或次序資料層級的統計技術上的弱點之爭論的假設。在最近幾年，研究似乎有朝向於使用更多的統計方法應用於較弱的資料的趨勢（Bollen and Barb, 1981; Labovitz, 1970, 1972）。但是這也值得我們考慮應用與瞭解更先進的統計觀念。許多這方面的知識部分說明於下：

單變項分析

　　單變項的意思是「一個變項」，單變項的統計有時候也稱為描述統計（descriptive statistics）。因為他們是應用於描述單一的變項，敍述統計可以以三個較廣的層級來說明，稱為：次數分配、集中趨勢的測量、和離散的測量。

　　在所有複雜的統計分析之前，婚姻與家庭的研究人員必須要先描述重要的變項在研究的變項中是怎麼樣的情

表 6.1　隨機抽樣之美國十八歲以上已婚或曾經結婚而所
　　　　生育的小孩人數

小孩數目	次數(N)	百分比(%)
0	430	28.1
1	226	14.8
2	349	22.8
3	241	15.8
4	132	8.6
5	76	4.9
6	28	1.8
7	17	1.1
8或以上	31	2.0
	1,530	100.0

資料來源：Davis(1985)。

形。例如：若小孩子的數量在一研究中是主要的變項，那
麼將次數分配作成表6.1的樣子是非常有意義的。

　　表6.1以簡單易於瞭解的方式說明樣本中小孩子的數
量，大部分的應答者回答說有兩個小孩（22%），或沒有
小孩（28%），而有一個小孩的（14.8%）和有三個小孩
的（15.8%）的幾乎相等，接下來由有四個小孩的百分比
數依序遞減下來。這個簡單的表以有效率的方式摘要出1,
500個應答者的答案，雖然原始的資料與百分比分別列於表
6.1。但是並非所有的案例都是如此，有時候相同的原基本

資料是以長條圖或以次數的多邊形的方式表現出來。最重要用於描述目的之資料是百分比而非原始資料的次數。

對於集中趨勢——變項的值是如何的結合成群組的表達，或分數趨向於集群某一中心、平均值等。有三種主要的集中趨勢的測量方法：眾數、中數和平均數。眾數（mode）是次數發生的最多的分數（在表6.1裏有0個小孩的就是眾數）。中位數是指中間的分數；所以有一半的分數是在它之上，一半的分數是在它之下（表6.1之中位數為2.1）。平均數是人工的平均由將所有的分數加總之後除以分數的數量（在表6.1中若所有的「8或高過8」的應答者都視為8則其平均數為2.33）。眾數只適用於測量名義尺度資料的集中趨勢，而平均數除了有極端的偏離值存在，否則，通常較適用於連續性的資料（等距和比例尺度的測量），中數則用於當極端分數的分配存在時，因為這些極端分數會影響到平均數（人為的平均）。家庭所得的中數實際使用於所有官方的報告之中，例如：若使用平均所得則會因有非常高收入的家庭存在而將家庭的平均所得「高估」。

離散的測量說明分數離散的情形，這些統計是簡單的值或數字（像眾數、中數和平均數）反應出分數是如何的分散或離散。全距（range）是用來測量離散或變異性；他是指最低與最高分數的距離。到目前為止最常用來測量變項的變異性的是標準差（standard deviation）。假定一集中趨勢的平均分數，而標準差是指原始資料與平均

（或標準）分數的平均差距。標準差愈大表示原始資料與平均數之間愈離散或分散，大部分的婚姻與家庭資料分析的報告，都會或至少會使用集中趨勢或離散情形的單一測量方式。

雙變項分析

　　雙變項分析的意思是指兩個變項被檢定或作爲模擬的情況。雙變項分析或兩個變項的關係有時候會與簡單次數的分配表合併，例如表6.2中包含開始約會的年齡與青春期性行爲經驗等兩個變項間的關係，愈早開始約會則青春期有性行爲經驗的情形就愈多。

　　雙變項關係通常會表現在婚姻與家庭的研究中，但是，經由統計測量的關聯性可以更精確的說明兩變項相互間的關係。合併測量的結果是單一的值用來表現兩變項間

表 6.2　開始約會的年齡與青春期性行爲之關係

性行爲	開始約會的年齡						
的經驗	12	13	14	15	16	17	
有	90.9	52.6	49.3	38.8	17.4	12.5	
沒有	9.1	47.4	50.7	61.2	82.6	87.5	
總計(%)	100	100	100	100	100	100	
次數(n)	(11)	(38)	(67)	(134)	(172)	(8)	(430)

資料來源：Miller et al.(1986). Reprinted by permission.

關係的強度。有許多的統計檢定的方法可以用來測定兩變項間的關係，所選定的方法依變項資料尺度層級之測量的不同來決定。相關是由單一的相關係數來表示，範圍包括正與負，相關係數愈大則兩變項間的關係愈強。相關係數的大小是反應關係的強度，但是關係的方向也很重要，正相關的意思是指兩變項的變化是同一方向（如：口頭的衝突增加，則肢體的暴力衝突也會跟著增加）；負相關意思是指兩變項的變化成相反的方向（如：結婚的時間愈久，夫妻間之性行為就愈少）。

多變項分析

多變項分析是指同時包括三個或三個以上的變項的分析。多變項技術使用在許多不同的方式，因為許多研究的問題都會牽涉到不只一個或兩個的變項。雖然一些概念性的例子在本書中將會做說明，但是多變項的數量和複雜的程度是遠遠超過本書的範圍。幾乎所有統計的書包括多變量統計分析和一些教科書都是（Tabachnick and Fidell, 1983）專門寫來幫助研究人員瞭解多變量統計。

因素分析是多變量統計的程序（實際上的群組相關程序）之一，廣泛的使用在縮減大量的變項項目成為較少數量變項的構面。在量表（scale）或工具的發展上，因素分析是用來觀察那些項目與那些其它的項目有相關，可以聚集起來成為量尺（subscale），且是理論上感興趣而又具實證性的。例如，在所設計的一組項目之中設計來測量調整一組變項，像是一致性、滿意度和內聚力等都是說明個別項目與其它項目有所關聯的清楚證據（Spanier and Thompson, 1982）。

　　群集分析是另一個多變量統計的程序，此程序在概念上類似於因素分析（Bailey, 1975）。但是他並不是像因素分析一樣將聚集的因素或變項分成個別的因素。群集分析是根據這些研究主體相似的變項特質聚集所要研究的目標主體（個人、夫妻、家庭）於分析中（Mezzich and Solomon, 1980）。例如：夫妻互動的類型是以兩人之間互動型態類似的來做為分群的標準（Miller and Olson, 1979; Olson, 1981）。

　　不同組的多變量程序適用於當研究中有許多獨立變項時用來預測單一的依變項的測量。使用徑路分析（path analysis），直接和中介變項（透過其它的變數）影響多變量的獨立變項於單一依變項已經用於婚姻與家庭研究問題中了（Schumm et al., 1980）。Thornton和Camburn（1983）認為只有選定家庭背景的組合和相關的變項於負相關的迴歸分析中才可以預測青春期對性的態度與行為。許多概念相似的多變量技術，應用於當獨立變項被依類別來測量時（多變數的變異分析），或當依變項被認定為類別變數（鑑別分析）時。多變量統計也被推薦作為家庭研究人員於研究問題是屬於多個獨立變項和多個依變項的關係時使用（McLauglin and Otto, 1981）。

　　本章的此部分可以說是在說明變項的型態和起始應用

於婚姻與家庭研究中的多變量統計的技術（Acock, 1979;
Joreskog, 1969, 1973, 1979）。有充足的理由可以說明許
多研究人員所感興趣的婚姻與家庭的研究主題都是屬於多
變量性質。那就是婚姻與家庭的現象很少（或許沒有）與
只有一個獨立變項相連或由一個獨立變項所引起。基於此
一理由，並由於技術上變得更為可行，多變量分析是目前
研究婚姻與家庭的計量分析必要的標準程序。

統計的顯著性

應用統計方法於研究中的另一個目的是輔助研究結果
顯著性的決定。科學決策的制定必須依賴一系列的規則或
統計的組合，如顯著性的檢定。統計的顯著性檢定是用於
當研究人員想要做關於只有從樣本所獲取的結論，而對於
母群體推論（或決策）時使用。當然，樣本之間各自不相
同，且與他們所代表的母群體亦不相同，統計的顯著性讓
研究人員推論（決定）在群組之間是否有差異（例如：男
嬰與女嬰的活動力是否有所差異），或變項與變項之間是
否有關聯（例如：婚姻的長度與婚姻角色的歧視）。

虛無假設對於統計決策理論而言特別的重要，起始的
組合是以極小化虛無假設答案的機率來拒絕虛無假設。當
拒絕虛無假設時必須不具有型一（Type 1）或α的誤差，
一般所接受的統計規則是型一（α）的誤差不可以超過

5%或1%的信賴度。換句話說，最普遍的機率或P值是0.05或0.01，當統計檢定的結果顯示誤差的機率低於0.05（例如：0.008），研究的結果就會被認爲是有「統計的顯著性」，且研究人員就相對的更有信心來拒絕虛無假設而接受對立假設，這也表示變項與變項間具有顯著性的差異或關係。

摘要

資料分析的目的是設計來引出特定研究問題的答案。但是在統計方法可以用來計算之前，有許多重要的事前步驟是用來確保資料的品質。這些事前的步驟有時候包括將資料的格式編碼成所需要的樣子，將資料輸入至電腦可以讀取、尋找、選定或其它可用來處理遺漏值的樣子，並將資料再編碼或轉換格式以便讓研究的變項有正確的操作化定義。

統計分析通常開始於簡單唯一變項（單一變項分析）的描述，以便讓研究中之主要的變項可以清楚的被瞭解。次數分配將會爲獨立變項與依變項所計算，兩個變項（雙變項）分析的關係可以用變項間的許多用來說明他們關係的強度的關聯性來測量。

在許多當代的婚姻與家庭的研究中，都會使用多變量的統計技巧，多變量的技巧是非常有技術與複雜的，但是他們是最接近實際上受許多不同變項影響的婚姻與家庭現象的方法。

　　統計顯著性的檢定是用來決定在樣本所獲取的研究結果是否是眞的值得注意的社會現象。

關鍵概念

- ■個案　　　　　　　Case
- ■編碼　　　　　　　Coding
- ■資料輸入　　　　　Data entry
- ■再編碼　　　　　　Recoding
- ■遺漏值　　　　　　Missing values
- ■變數轉換　　　　　Variable transformations
- ■統計　　　　　　　Statistics
- ■單變項分析　　　　Univariate
  - ・次數分配　　　　　Frequency distribution
  - ・集中趨勢　　　　　Central tendency
  - ・分散　　　　　　　Dispersion
- ■雙變項分析　　　　Bivariate
  - ・關聯性的測量　　　Measures of association
  - ・負相關　　　　　　Negative relationship
  - ・正相關　　　　　　Positive relationship
  - ・關係的強度　　　　Strength of relationship

■多變項分析　　　　　*Multivariate*

　·統計的控制　　　　　*Statistical control*

■統計的顯著性　　　　*Statistical significance*

第七章
結論與含義

當有一百個人指證說沒有任何狗走過的痕跡，還會有人會
說泥中有狗走過的痕跡。

——W. L. Prosser

　　將所收集到的資料用來回答原始的研究或做完假設的
檢定分析之後，接下來研究人員就面臨解釋研究結果的階
段。研究結果代表什麼意義？結論可以如何類推？若結論
與所期望的結果不相同，為什麼？對未來研究或應用、研
究或理論的含意是什麼？研究的限制是什麼？本章將討論
這些主題。

解釋發現的意義

家庭研究報告「結果」(results) 或「發現」(findings) 部分有時候是跟隨「討論」 (discussion) 這一部分的。在其它的報告中「結論和討論」是合併陳述的。所有的研究案例中，實際上每一個研究報告將包括研究的發現以用來說明所期望的研究結果。總之，做研究的目的包括回答特定的研究問題或檢定研究的假設，使這些研究初步就存在的概念明亮化，並說明發現的意義？

最簡單的例子如：如果研究結果是用來檢定一個最簡單的假設，它就應該很快且容易的做出結論。測量的結果是否拒絕在組群中沒有差異或在獨立變項和依變項中沒有關係的虛無假設，都可以透過統計分析而獲得答案。例如：如果在年齡與性別角色導向有關的研究裏 (Brogan and Kutner, 1976)，年齡低於23歲，23歲～45歲，和超過45歲的性別角色導向的分數分別為175、160與143，且若統計分析顯示這些數字具有顯著性的差異，那麼性別角色導向與年齡無關的虛無假設將會被拒絕。觀察結果的平均分數可以解釋並作為證明以支持年齡與性別角色導向具有相關，且年紀愈大的愈傳統的結論。

無論如何，與其證實 (proving) 年齡與性別角色導向，這個研究的結果或其它單一研究應以較保守的方式來解釋。對於研究結果的描述可以更適當的解釋成證據(evi-dence)（而非證實；proof）支持年齡與性別角色導向具有相關，且結論是年齡愈大則愈傳統。在研究中愈是嘗試性的結論愈適用於以上例子，因為年齡與性別角色導向間的關係幾乎無法獲得統計上一般統計標準（p＝0.04）的顯著性反應，且相同的關係與女性也不是相當的顯著（p＝0.07）。

在許多的研究之中，分析將包括許多在研究中相關但不同測量的方式的檢驗。在這樣的研究中，研究者工作是從不同操作化的關鍵變項，也許對於不同特質的樣本，不同地點等等的結果去解釋研究結果型態。總之，研究結果的解釋通常不是非常簡單和直接的，如在教科書所舉的例子。

在資料解釋與結論作成後，仍然有許多的主題值得思慮，這些包括研究的限制，研究結果的類推和研究的含意等。

研究的限制

這本書一般是描述家庭研究如何作研究設計以獲得實務上放棄或合併的資料的構想。但是在實務上，要設計出有順序的研究的構想也是相當的困難，整齊與有次序的研究設計被雜亂、偏頗造成的錯誤與誤差的研究取而代之。

每一個研究都有研究的限制，因為不應該發生的發生了或應該發生的不發生了，所以研究可以在「研究限制中」說明研究的警訊與放棄的原則。

在實際的研究步驟裏會遇見非預期的問題，使研究必須妥協或受研究限制，測量可能無法按所期望的樣子來執行，或在某一方面有缺點。如在安排了對於幾百位研究樣本的長期調查之後，研究人員可能發現打字人員在準備最後的草稿時遺漏了量表中的某一題項，研究人員可能重複安排群體會議，以給初為人父母作為實驗處置，但是父母不重複參加會議甚至從不同時出現。抽樣設計應該產生大而足夠的樣本，以讓次團體可以作分析（這些例子來自於個人的經驗）等等問題。某一優秀的家庭學者說明他如何透過沒有經驗的電話訪問人員完成選擇性研究樣本的電話訪問。容易看見但是完全不是在預期的事件（最新、又最大的故事是最高法院的判決、法律或政策）會因為應答者所背負的重要答案或行為而發生。總而言之，有難以計算的理由會造成研究上的限制。

有些研究並不被這些現象或以上描述的嚴重現象所苦惱，但是研究限制的陳述仍然必要，因為沒有任何一個研究可以說是沒有缺點的。一個好的研究仍然受限於所定義的特定操作化變項的使用，所以不同的方法來測量現象的結果會有所不同。如果研究是選定其它的樣本來研究，可能也會獲得不同的結果，這些的警訊直接影響接下來類推能力的結果。

研究結果類推

　　類推的能力是處理研究發現可以應用的廣度，應用於研究樣本是什麼樣的母群體，情況為何？和觀察結果的測量可否被應用？有許多一般性的原則支配發現的類推力。

　　首先，類推力是減少將研究結果應用於與研究樣本不像的母群體，關於是否發現將被類化到不同母群體的問題必須要等研究過這些母群體後才能決定。這是為什麼要這麼強調母群體的抽樣必須考慮樣本的代表性的原因，如果樣本具有母群體的代表性，研究人員只可以從樣本的發現類化至樣本的母群體。

　　同樣的，若變項與變項間關係的發現是在人為設定的實驗室，那麼類推的能力也只可以推演到這種關係在自然環境中也可以發現的現象中。

　　最後，類推的能力必須考慮研究中所使用的測量方法，若研究人員使用其它的測量方法來研究相同的變項，研究結果是否還是會相同。有些變項的關係不論其使用何種研究方法其關係依然還是非常強烈。

　　總而言之，研究類推的能力要求研究人員考慮將他們的發現一般性原則不受樣本、地方，或測量的限制而可應用的範圍。

研究的含義

　　書寫關於研究的含意就像是被問到有關「底線是什麼？」或是「研究結果應該如何應用？」。

對於理論的含意

　　實證性研究的結果通常會隱含修定、精化，或確認理論的意味。有些理論科學家使用研究與理論以確定變項間更穩定的關係。例如Karl Popper（1965），確認對於理論只可以透過實徵辯正產生不正確推測而被精化的爭論點。若研究設計的好而獲得結論，這樣就非常確定可以獲得一些研究對於理論的含意。不幸的是許多研究人員並不了解這點，而他們也並不致力於說明結果與理論是如何衝突。

　　當研究人員仔細的定義在實證研究背後對理論的想法和在研究結果作出後所做的解釋發現，對於理論的含意才是好的指標。例如，Acock和Bengtson（1980）由於他們的同僚們認為他們倆的研究整合了研究與理論於分析父母與兒女的社會化中而獲得國家獎，他們發現兒童對父母的認知在解釋兒童行為比實際上父母所提報的還要有影響力，且他們將大部分研究結果的理論結合而支持認知理論的重要性。

對於研究的含意

就像是經過良好設計所執行研究的理論含意一樣，通常研究結果對於未來研究都會有所隱喻。從研究結果而來對於未來研究的含意，基本上說明研究的方法論是如何而來，而未來研究者應該如何來改進。換句話說，對於研究固定問題和結果限制在未來的研究中可以經由小心的定義而避免這些陷阱。

另一方面，特殊觀點的方法論也可能給予其他的研究者一些建議。例如：在對於丈夫與妻子權力的特殊研究之中，由Strodtbeck（1951）所發展出來的揭露差異的技巧(the Revealed Difference Technique)對於後來應用於婚姻權力和衝突的研究測量方法有重要的含意（Olson and Ryder, 1970）。方法論的建議通常像是研究結論一樣，應用相關的新技巧於婚姻與家庭的研究中。例子從明顯有希望的資料收集方法（Gelles, 1984）、明顯實用的新測量尺度（Wampler and Powell, 1982）到資料分析的技巧（Acock, 1979; McLaughlin and Otto, 1981; Sackett, 1978）。

第三類對於未來研究的研究含意是自然形成的，有時候研究問題出現或變得更著重於研究的結果。就如前面所強調的，新的假設通常由研究設計所作出的結論而來。在本案例中，對於研究人員未來的含意是置於需要經由另外研究說明的研究問題。

　　總之，許多對於未來研究的含意會根據已經做的研究，研究含意可能會指出一些要避免的研究陷阱、程序或技巧而被視為特別是對於未來的研究人員而言有意義或實際的主題。

對於實務的含意

　　就如筆者在第一章中所指出的，基本或純研究的目的是在於獲得婚姻與家庭知識，而有時候基本研究的發現變成對於實務上具有重要含意。例如，心理學家對於古典學習原則的首次研究將一世紀來的操作性學習原則於近幾十年做修正，而使之對於個別失序的行為處置與婚姻和家庭治療的實務具有重要含意。

　　有許多的應用研究有時候會特別支持一些研究的資料，以幫助作成實務或規劃的決策。評估教育計劃的研究像是操作迎頭趕上計劃（Operation Head Start）或其它類型的防礙或干擾計劃對於未來的計劃將如何設計的實務都具有些含意。家庭生活教育家（例如：Miller et al., 1981），婚姻與家庭的治療師，和家庭社會服務工作者組合成的一大群的實務工作者都從敏感的研究結果的實務應用而獲益。

關於婚姻與家庭研究最後的提示

很明顯的,現在的婚姻與家庭的研究並非是完全正確與精確的。有充足的理由讓婚姻與家庭的學者謹慎於他們所知道的和謙遜於他們所不知道的 (Doherty, 1984)。總之,研究主題是由一些極隱私、個人觀點、複雜、敦和虛偽的人類行為而組成。

另一方面,婚姻與家庭研究不是神秘或是像有扶手的椅子的活動 (arm-chair activity)。大部分而言,婚姻與家庭的研究人員共同參與並認真的企圖於描述和解釋實證的型態與一般性的原則。就像是在本書所介紹的,他們所努力的包括不同研究分法的排列,這本小教科書已經有提到基本的觀念,但是却忽略了整個計量經濟學的方法 (Becker, 1981)、民俗誌程序(Murdock and Schlegel, 1980) ,內容分析以及日誌研究 (Walker and Woods, 1976) ,及許多其它方法論的主題。研究方法很重要——並非是結束於他們本身——而是重要於他們所可以幫助我們瞭解的婚姻與家庭。

Abraham Kaplan (1964) ,在一關於行為科學較老式的工作中描寫靈活應用於家庭研究和家庭研究的方法中寫到:

每一個科學性的共同體都是一個小社會；換句話
說，都有他們自己的社會控制的力量。專業機構的官
員、榮譽的長者（honored elders）、雜誌的編輯、評
論者、教授、認可的委員會、公會，和受獎人──所
有運用對於專業標準一致性的平穩壓力……。天生
或至少是習慣性的保守主義，科學程序的專業標準
是依時間的不同而有所變動，科學烈士的犧牲有時
候因爲失敗而非異端……。但是堅持科學的天才有
許多是不切實際的……。優秀的科學標準在整個及
長期成功的路上，即使可能偶而由本身所克服。遵守
成規是最確定和唯一能夠安全保證用以對抗被虛偽
的提倡者誤導而忽略的方法。

──Kaplan, 1964: 4,5

　　雖然有些研究人員過分依賴他們的技術，但家庭研究
的「法則」不像以上所舉例子那樣的具體化或極端。但是
有許多研究方法的應用使我們更瞭解婚姻與家庭的行爲，
然而技術與科技卻不能將問題概念化與問題化。沒有任何
一種方法可以取代好的思維與清晰的思考，高級的婚姻與
家庭的得獎學者都是產生於他們可以將理論問題的概念清
楚化並有最佳方法論的技巧。

摘要

　　實證性研究要一直等到資料分析結果解釋後並作成結論才算是完成。解釋的工作是試著並使研究的結果具有意義。許多的研究結果的釋譯常常會支持其它研究結果，有的甚至於與前人的研究的結果持相反的意見。

　　在婚姻與家庭研究——就像是所有的實證性研究一樣——有許多的研究限制，潛在的研究人員必須知道並注意這些研究限制。這樣相同的問題在將來進行研究時就可以避免。另外研究結果也有研究上的限制，因為實證性研究並不是針對於特殊問題而是基於沒有任何一個研究可以獨自獨立出來的事實。家庭研究通常被限制或限制他們文化的組成？樣本的特質，而只對於一或二的事實進行研究等等。

　　每一個好的研究都有許多種的含意，從研究而來的含意可能包括理論必須再修正、棄除，或以其它的觀點再推敲證明的資訊。實際上每一個研究對於現在或將來的研究都會有所隱含，研究的隱含包括避免研究的錯誤，有希望的新技術的出現，及因研究而引發的其它相關問題。研究有時候也會對實務界的人士有所隱喻，經由所謂的純研究或基礎研究所獲得的知識，在未來的實務界也會變得相當有意義。

　　婚姻與家庭研究是一種意義、瞭解，與知識的調查。研究方法的使用必須視爲一種結束的方法而非它本身結束的意義，只有在能夠淸楚且具有邏輯思考的指引之下，家庭研究方法才能成爲研究的重要工具。

關鍵概念

- ■解釋發現　　　　　　*Interpreting findings*
- ■證據VS.證明　　　　 *Evidence versus proof*
- ■限制　　　　　　　　*Limitations*
- ■類推力　　　　　　　*Generalizability*
- ■理論的含意　　　　　*Theoretical implications*
- ■研究的含意　　　　　*Research implications*
- ■實務的含意　　　　　*Practical implications*

參考文獻

ACOCK, A. C. (1979) "Applications of LISREL IV to family research." Presented at preconference theory and methods workshop, National Council on Family Relations, Boston.

———and V. L. BENGTSON (1980) "Socialization and attribution processes: actual versus perceived similarity among parents and youth." Journal of Marriage and the Family 42: 501-516.

ADAMS, G. R. and J. D. SCHVANEVELDT (1985) Understanding Research Methods. New York: Longman.

ALDOUS, J. (1978) Family Careers: Developmental Change in Families. New York: John Wiley.

ALTHAUSER, R. P. and T. A. HEBERLEIN (1970) Validity and the multitrait-multimethod matrix. In E. F. Borgatta and G. W. Bohrnstedt (Eds.), Sociological Methodology (pp. 151-169), San Francisco: Jossey-Bass.

American Psychological Association (1973) Ethical principles in the conduct of research with human participants. Washington, DC: Author.

American Sociological Association (1968) Toward a code of ethics for sociologists. American Sociologist 3: 316-318.

ANASTASI, A. (1976) Psychological Testing. New York: Macmillan.

BAILEY, K. D. (1975) "Cluster analysis," in D. Heise (ed.) Sociological Methodology. San Francisco: Jossey-Bass.

BALES, R. F. (1950) Interaction Process Analysis: A Method for the Study of Small Groups. Cambridge, MA: Addison-Mosley.

BAUMRIND, D. (1980) "New directions in socialization research." American Psychologist 35: 639-652.

BECKER, G. S. (1981) A Treatise on the Family. Cambridge, MA: Harvard University Press.

BELSKY, L., G. B. SPANIER and M. ROVINE (1983) "Stability and change in marriage across the transition to parenthood." Journal of Marriage and the Family 45: 576-577.

BLAKE, J. (1981) "Family size and the quality of children." Demography 18: 421-422.

BLALOCK, H. M. (1979) "Measurement and conceptualization problems: the major obstacle to integrated theory and research." American Sociological Review 44: 881-894.

———(1982) Conceptualization and Measurement in the Social Sciences. Beverly Hills, CA: Sage.

BOHRNSTEDT, G. W. (1983) "Measurement," in P. Rossi et al. (eds.) Handbook of Survey Research. New York: Academic.

———and E. F. BORGATTA (1981) Social Measurement. Beverly Hills, CA: Sage.

BOLLEN, K. A. and K. H. BARB (1981) "Pearson's R and coarsely categorized measures." American Sociological Review 46: 232-239.

BONJEAN, C. M., R. J. HILL, and S. D. McLEMORE (1967) Sociological Measurement: An Inventory of Scales and Indices. San Francisco: Chandler.

BOWERMAN, C. E. (1964) "Prediction studies," in H. T. Christensen (ed.) Handbook of Marriage and the Family. Chicago: Rand-McNally.

———and J. W. KINCH (1959) "Changes in family and peer orientation of children between the fourth and tenth grades." Social Forces 37: 206-211.

BRODY, G. H. and R. C. ENDSLEY (1981) "Researching children and families: differences in approaches of child and family specialists." Family Relations 30: 275-280.

BROGAN, D. and N. G. KUTNER (1976) "Measuring sex role orientation: a normative approach." Journal of Marriage and the Family 38: 31-40.

BURGESS, E. W. and P. WALLIN (1953) Engagement and Marriage. Philadelphia: Lippincott.

BUROS, O. K. (1972) Seventh Mental Measurements Yearbook. Highland Park, NJ: Gryphone Press.

———(1974) Tests in Print II. Highland Park, NJ: Gryphone Press.

BURR, W. R. (1973) Theory Construction and the Sociology of the Family. New York: John Wiley.

———and G. K. LEIGH (1983) "Famology: A new discipline." Journal of Marriage and the Family 45: 467-480.

BURR, W. R., R. HILL, F. I. NYE, and I. L. REISS (1979) Contemporary Theories about the Family (vols. 1 and 2). New York: Free Press.

CALL, V.R.A., L. B. OTTO, and K. I. SPENNER (1982) Tracking Respondents: A Multimethod Approach. Lexington, MA: D. C. Heath.

CAMPBELL, D. T. and D. W. FISKE (1959) "Convergent and discriminant validation by the multitrait-multimethod matrix." Psychological Bulletin 56: 81-105.

CAMPBELL, D. T. and J. C. STANLEY (1963) "Experimental and quasi-experimental designs for research on teaching," in N. L. Gage (ed.) Handbook of Research on Teaching. Chicago: Rand-McNally.

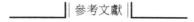

CAMPBELL, A., P. E. CONVERSE, and W. L. RODGERS (1976) The quality of American life. New York: Russell Sage.

CAPLOW, T., H. M. BAHR, B. A. CHADWICK, R. HILL, and M. H. WILLIAMSON (1982) Middletown Families. Minneapolis: University of Minnesota.

CARMINES, E. G. and R. A. ZELLER (1979) Reliability and Validity Assessment. Beverly Hills, CA: Sage.

CHERLIN, A. (1977) "The effects of children on marital dissolution." Demography 14: 265-272.

CHRISTENSEN, H. T. (1963) "Child spacing analysis via record linkage: new data plus a summing up from earlier reports." Marriage and Family Living 25: 272-280.

———(1964) "Development of the family field of study," in H. T. Christensen (ed.) Handbook of Marriage and the Family. Chicago: Rand-McNally.

CHUN, K., S. COBB, and R. P. FRENCH, Jr. (1975) Measures for Psychological Assessment. Ann Arbor: University of Michigan.

COHEN, J. A. (1960) "A coefficient of agreement for nominal scales." Educational and Psychological Measurement 20: 37-46.

COOK, T. D. and D. T. CAMPBELL (1979) Quasi-Experimentation: Design and Analysis Issues for Field Settings. Chicago: Rand-McNally.

CROMWELL, R. E. and D. C. FOURNIER (forthcoming) Diagnosing Relationships: A Measurement Handbook for Marital and Family Therapists. San Francisco: Jossey-Bass.

CROMWELL, R. E., D. M. KLEIN, and S. G. WEITING (1975) "Family power: a multitrait-multimethod analysis," in R. E. Cromwell and D. M. Klein (eds.) Power in Families. Beverly Hills, CA: Sage.

CRONBACH, L. J. (1951) "Coefficient alpha and the internal structure of tests." Psychometrika 16: 297-334.

CRONBACH, L. J. and P. MEEHL (1955) "Construct validity of psychological tests." Psychological Bulletin 2: 181-302.

———C. G. GLASER, H. NANDA, and N. RAJARATNAM (1972) The Dependability of Behavioral Measurements: Theory of Generalizability for Scores and Profiles. New York: John Wiley.

CUBER, J. F. and P. B. HARROFF (1965) The Significant Americans: A Study of Sexual Behavior Among the Affluent. New York: Van Rees Press.

DAVIS, J. A. (1985) General Social Surveys, 1972-1985: Cumulative Codebook. Chicago: National Opinion Research Center.

DIENER, E. and R. CRANDALL (1978) Ethics in Social and Behavioral Research. Chicago: University of Chicago Press.

DILLMAN, D. A. (1978) Mail and Telephone Surveys: The Total Design Method. New York: John Wiley.

DIZARD, J. (1968) Social Change in the Family. Chicago: Community and Family Center, University of Chicago.

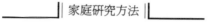

DOHERTY, W. J. (1984) "Quanta, quarks, and families: implications of modern physics for studying families." Presented at the Theory and Methods Preconference Workshop, National Council on Family Relations.

DURKHEIM, E. (1951) Suicide: A Study in Sociology. [John A. Spaulding and George Simpson, trans.] New York: Free Press.

DUSTER, T., D. MATZA, and D. WELLMAN (1979) "Field work and the protection of human subjects." American Sociologist 14: 136-142.

ELDER, G. H. (1981) "History and the family: the discovery of complexity." Journal of Marriage and the Family 43: 489-514.

ELDER, G. H., Jr. (1974) Children of the Great Depression. Chicago: University of Chicago Press.

ETAUGH, C. and J. MALSTROM (1981) "The effect of marital status on person perception." Journal of Marriage and the Family 4: 801-805.

FELDMAN, H. (1971) "The effects of children on the family," in A. Michael (ed.) Family Issues of Employed Women in Europe and America. Leiden, The Netherlands: E. J. Brill.

FIGLEY, C. R. (1973) "Child density and the marital relationship." Journal of Marriage and the Family 35: 272-282.

FILSINGER, E. E. (1981) "The dyadic interaction scoring code," in E. E. Filsinger and R. A. Lewis (eds.) Assessing Marriage: New Behavioral Approaches. Beverly Hills, CA: Sage.

———and R. A. LEWIS (1981) Assessing Marriage: New Behavioral Approaches. Beverly Hills, CA: Sage.

FOURNIER, D. G., D. H. OLSON, and J. M. DRUCKMAN (1983) "Assessing marital and premarital relationships: the PREPARE-ENRICH Inventories," in E. E. Filsinger (ed.) Marriage and Family Assessment. Beverly Hills, CA: Sage.

FOWERS, B. J. and D. H. OLSON (n.d.) "Predicting marital success with PREPARE: a predictive validity study." Unpublished manuscript, Department of Family Social Science, University of Minnesota.

FREEDMAN, D. S., A. THORNTON, and D. CAMBURN (1980) "Maintaining response rates in longitudinal studies." Sociological Methods and Research 9: 87-98.

FURSTENBERG, F. F., Jr. (1985) "Sociological ventures in child development." Child Development 56: 281-288.

GECAS, V. (1971) "Parental behavior and adolescent self-evaluation." Sociometry 34: 466-482.

GELLES, R. J. (1974) The Violent Home: A Study of Physical Aggression Between Husbands and Wives. Beverly Hills, CA: Sage.

———(1984) "Parental child snatching: a preliminary estimate of the national incidence." Journal of Marriage and the Family 45: 735-739.

GERGEN, K. J. (1982) Toward Transformation in Social Knowledge. New York: Springer-Verlag.

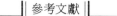

GLENN, N. D. and S. McLANAHAN (1982) "Children and marital happiness: a further specification of the relationship." Journal of Marriage and the Family 44: 63-72.

GLICK, P. C. (1964) "Demographic analysis of family data," in H. T. Christensen (ed.) Handbook of Marriage and the Family. Chicago: Rand-McNally.

GOFFMAN, E. (1983) "The interaction order." American Sociological Review 48: 1-17.

GOODRICH, D. W. and D. S. BOOMER (1963) "Experimental assessment of modes of conflict resolution." Family Process 2: 15-24.

GOTTMAN, J. M. (1979) Marital Interaction: Experimental Investigations. New York: Academic.

GOYDER, J. C. (1982) "Further evidence on factors affecting response rates to mailed questionnaires." American Sociological Review 47: 550-553.

GREENBLAT, C. S. (1983) "The salience of sexuality in the early years of marriage." Journal of Marriage and the Family 45: 289-300.

GROVES, R. M. and R. L. KAHN (1979) Surveys by Telephone: A National Comparison with Personal Interviews. New York: Academic.

HEBERLEIN, T. A. and R. BAUMGARTNER (1978) "Factors affecting response rates to mailed questionnaires: a quantitative analysis of the published literature." American Sociological Review 43: 447-462.

HERSEN, M. and D. H. DARLOW (1976) Single Case Experimental Designs: Strategies for Studying Behavior Change. New York: Pergamon.

HILL, R. (1964) "Methodological issues in family development research." Family Process 3: 186-206.

———and P. MATTESSICH (1979) "Family development theory and life span development," in P. B. Baltes and O. G. Brim (eds.) Life Span Development and Behavior (vol. 2). New York: Academic.

HODGSON, J. W. and R. A. LEWIS (1979) "Pilgrim's progress III: a trend analysis of family theory and methodology." Family Process 18: 163-173.

HOWARD, R. L. (1981) A Social History of American Family Sociology, 1865-1940. Westport, CT: Greenwood Press.

HURLEY, J. R. and D. P. PALONEN (1967) "Marital satisfaction and child density among university student parents." Journal of Marriage and the Family 29: 483-484.

HUSTON, T., S. McHALE, and A. CROUTER (1985) "When the honeymoon's over: changes in marriage over the first year," in S. Tuck and R. Gilmour (eds.) The Emerging Field of Personal Relationships. Hillsdale, NJ: Lawrence Erlbaum.

HYMAN, H. H. (1972) Secondary Analysis of Sample Surveys: Principles, Procedures, and Potentialities. New York: John Wiley.

Institute for Social Research (1976) Interviewers Manual (2nd ed.). Ann Arbor: University of Michigan.

Institute for Social Research (ISR) Newsletter (1981, Winter) "Rensis Likert: a final tribute." Pp. 6-7.

JOHNSON, O. G. and J. W. BOMMARITO (1971) Tests and Measurements in Child

Development: A Handbook. San Francisco: Jossey-Bass.

JORDAN, L. A., A. C. MARCUS, and L. G. REEDER (1980) "Response styles in telephone and household interviewing: a field experiment." Public Opinion Quarterly 44: 210-222.

JÖRESKOG, K. G. (1969) "A general approach to confirmatory maximum likelihood factor analysis." Psychometrika 34: 183-202.

———(1973) "A general method for estimating a linear structural equation system," in A. S. Goldberger and O. D. Duncan (eds.) Structural Equation Models in the Social Sciences. New York: Seminar Press.

———(1979) Addendum to "A general approach to confirmatory maximum likelihood factor analysis," in Advances in Factor Analysis and Structural Equation Models. Cambridge, MA: Abt.

KAATS, G. R. and K. E. DAVIS (1970) "The dynamics of sexual behavior in college students." Journal of Marriage and the Family 32: 390-399.

KANTOR, D. H. and W. LEHR (1975) Inside the Family. San Francisco: Jossey-Bass.

KAPLAN, A. (1964) The Conduct of Inquiry. San Francisco: Chandler.

KENKEL, W. F. and D. K. HOFFMAN (1956) "Real and conceived roles in family decision making." Marriage and Family Living 18: 311-316.

KERLINGER, F. N. (1973) Foundations of Behavioral Research (2nd ed.). New York: Holt, Rinehart, & Winston.

———(1979) Behavioral Research: A conceptual Approach. New York: Holt, Rinehart, & Winston.

KIDWELL, J. S. (1982) "The neglected birth order: middleborns." Journal of Marriage and the Family 44: 225-235.

KITSON, G. C., M. B. SUSSMAN, G. K. WILLIAMS, R. B. ZEEHANDELAAR, B. K. SCHICKMANTER, and J. L. STEINBERGER (1982) "Sampling issues in family research." Journal of Marriage and the Family 44 (November): 965-981.

KLECKA, W. R. and A. J. TUCHFARBER (1978) "Random digit dialing: a comparison to personal surveys." Public Opinion Quarterly 42: 105-114.

KLEIN, D. M., S. R. JORGENSEN, and B. C. MILLER (1978) "Research methods and developmental reciprocity in families," in R. M. Lerner and G. B. Spanier (eds.) Child Influences on Marital and Family Interaction: A Life Span Perspective. New York: Academic.

KLEIN, D. M., J. D. SCHVANEVELDT, and B. C. MILLER (1978) "The attitudes and activities of contemporary family theorists." Journal of Comparative Family Studies 8: 5-17.

KRUSKAL, J. B. and M. WISH (1978) Multidimensional Scaling. Beverly Hills, CA: Sage.

LABOVITZ, S. (1970) "The assignment of numbers to rank order categories." American Sociological Review 35: 515-524.

———(1972) "Statistical usage in sociology: sacred cows and rituals." Sociological Methods and Research 1: 13-37.

LAKE, D. B., M. B. MILES, and R. B. EARLE (1973) Measuring Human Behavior. New York: Teachers College Press.

LAMB, M. E., L. J. SUOMI, and G. R. STEPHENSON [Eds.] (1979) Social Interactional Analysis: Methodological Issues. Madison: University of Wisconsin Press.

LaROSSA, R. and M. M. LaROSSA (1981) Transition to Parenthood. Beverly Hills, CA: Sage.

LaROSSA, R. and J. H. WOLF (1985) "Qualitative family research." Journal of Marriage and the Family 47: 531-541.

LaROSSA, R., L. A. BENNETT, and R. J. GELLES (1981) "Ethical dilemmas in qualitative family research." Journal of Marriage and the Family 43: 303-313.

LARZELERE, R. E. and D. M. KLEIN (forthcoming) "Methodological implications of the family as an object of study," in M. B. Sussman and S. K. Steinmetz (eds.) Handbook of Marriage and the Family. New York: Plenum Press.

LASLETT, P. [Ed.] (1972) Household and Family in Past Time. Cambridge, England: Cambridge University Press.

LePLAY, F. (1855) Les Ouvriers Europeens. Tours, France: Alfred Mame et Fils.

LIKER, J. K. and G. H. ELDER, Jr. (1983) "Economic hardship and marital relations in the 1930's." American Sociological Review 48: 343-359.

LIKERT, R. (1932) "A technique for the measurement of attitudes." Archives of Psychology 21, 140.

LODGE, M. (1981) Magnitude Scaling: Quantitative Measurement of Opinions. Beverly Hills, CA: Sage.

MANGEN, D. J. and W. A. PETERSON (1982a) Research Instruments in Social Gerontology: (vol. 1). Clinical and Social Psychology. Minneapolis: University of Minnesota Press.

———(1982b) Research Instruments in Social Gerontology: (vol. 2). Social Roles and Social Participation. Minneapolis: University of Minnesota Press.

MARANELL, G. M. (1974) Scaling: A Sourcebook for Behavioral Scientists. Hawthorne, NY: Aldine.

MARKMAN, H. J., C. I. NOTARIUM, T. STEPHEN, and R. J. SMITH (1981) "Behavioral observation systems for couples: the current status," in E. E. Filsinger and R. A. Lewis (eds.) Assessing Marriage: New Behavioral Approaches. Beverly Hills, CA: Sage.

McIVER, J. P. and E. G. CARMINES (1981) Unidimensional Scaling. Beverly Hills, CA: Sage.

McLAUGHLIN, S. D. and L. B. OTTO (1981) "Canonical correlation analysis in family research." Journal of Marriage and the Family 43: 7-16.

MEZZICH, J. E. and H. SOLOMON (1980) Taxonomy and Behavioral Science. New York: Academic.

MILLER, B. C. (1975) "Child density, marital satisfaction, and conventionalization: a research note." Journal of Marriage and the Family 2: 345-347.

———(1976) "A multivariate developmental model of marital satisfaction." Journal of

Marriage and the Family 38: 643-657.

———and S. L. BOWEN (1982) "Father-to-newborn attachment behavior in relation to prenatal classes and presence at delivery." Family Relations 31: 71-78.

MILLER, B. C., J. K. McCOY, and T. D. OLSON (1986) "Dating experiences in relation to adolescent sexual attitudes and behavior." Unpublished manuscript.

MILLER, B. C. and D. H. OLSON (1979) "Types of marital interaction and related contextual characteristics: cluster analysis of the IMC." Presented at a conference on exploring styles in family systems, St. Paul, Minnesota.

MILLER, B. C., B. C. ROLLINS, and D. L. THOMAS (1982) "On methods of studying marriages and families." Journal of Marriage and the Family 44: 851-873.

MILLER, B. C., J. D. SCHVANEVELDT, and G. O. JENSON (1981) "Reciprocity between family life research and education." Family Relations 30: 625-630.

MILLER, B. C. and D. L. SOLLIE (1980) "Normal stresses during the transition to parenthood." Family Relations 29: 459-465.

MILLER, D. C. (1970) Handbook of Research Design and Social Measurement (2nd ed.). New York: David McKay.

MISHLER, E. G., and N. E. WAXLER (1966) "Family interaction and schizophrenia." Archives of General Psychiatry 15: 64-74.

MURDOCK, B. H. and A. SCHLEGEL (1980) Cross Cultural Samples and Codes. Pittsburgh: University of Pittsburgh Press.

National Opinion Research Corporation (1978) General Social Science Survey Codebook. Chicago: Author.

NUNNALLY, J. C. (1978) Psychometric Theory. New York: McGraw-Hill.

NYE, F. I. (1964) "Field research," in H. T. Christensen (ed.) Handbook of Marriage and the Family. Chicago: Rand-McNally.

OLSON, D. H. (1977) "Insider's and outsider's view of relationships: research studies," in G. Levinger and H. Rausch (eds.) Close Relations. Amherst: University of Massachusetts Press.

———(1981) "Family typologies: bridging family research and family therapy," in E. E. Filsinger and R. A. Lewis (eds.) Assessing Marriage: New Behavioral Approaches. Beverly Hills, CA: Sage.

———and C. RABUNSKY (1972) "Validity of four measures of family power." Journal of Marriage and the Family 34: 224-234.

OLSON, D. H. and R. G. RYDER (1970) "Inventory of marital conflicts (IMC): an experimental interaction procedure." Journal of Marriage and the Family 22: 443-448.

OLSON, D. H., H. I. McCUBBIN, H. BARNES, A. LARSEN, M. MUXEN, and M. WILSON (1982) Family Inventories. St. Paul: Department of Family Social Science, University of Minnesota.

OSGOOD, C. E., G. J. SUCI, and P. H. TANNENBAUM (1957) The Measurement of Meaning. Urbana: University of Illinois Press.

OTTO, L. B., V.R.A. CALL, and K. I. SPENCER (1981) Design for a Study of Entry into

Careers. Lexington, MA: D. C. Heath.

PARSONS, T. and R. F. BALES (1955) Family, Socialization, and Interaction Process. Glencoe, IL: Free Press.

PINEO, P. C. (1961) "Disenchantment in the later years of marriage." Marriage and Family Living 23: 3-11.

POPPER, K. (1965) Conjectures and Refutations: The Growth of Scientific Knowledge. New York: Basic Books.

RAUSH, H. L., W. A. HERTEL, and M. A. SWAIN (1974) Communication, Conflict, and Marriage. San Francisco: Jossey-Bass.

REISS, D. (1981) The Family's Construction of Reality. Cambridge, MA: Harvard University Press.

REISS, I. L. (1967) The Social Context of Premarital Sexual Permissiveness. New York: Holt, Rinehart, & Winston.

———and B. C. MILLER (1979) "Heterosexual permissiveness: a theoretical analysis," pp. 57-100 in W. R. Burr et al. (eds.) Contemporary Theories About the Family (vol. 1). New York: Free Press.

REISS, I. L., R. E. ANDERSON, and G. C. SPONAUGLE (1980) "A multivariate model of the determinants of extramarital sexual permissiveness." Journal of Marriage and the Family 42: 395-411.

REYNOLDS, P. D. (1979) Ethical Dilemmas and Social Science Research. San Francisco: Jossey-Bass.

RISKIN, J. and E. E. FAUNCE (1970) "Family interaction scales, III: Discussion of methodology and substantive findings." Archives of General Psychiatry 22: 527-537.

———(1972) "An evaluative review of family interaction research." Family Process 11: 365-455.

ROBINSON, J. P. and P. R. SHAVER (1969) Measures of Social Psychological Attitudes. Ann Arbor: University of Michigan Press.

ROLLINS, B. C. and K. L. CANNON (1974) "Marital satisfaction over the family cycle: a reevaluation." Journal of Marriage and the Family 32: 20-27.

ROLLINS, B. C. and H. FELDMAN (1970) "Marital satisfaction over the family life cycle." Journal of Marriage and the Family 32: 20-27.

ROSENBLATT, P. C. (1974) "Behavior in public places: comparison of couples accompanied and unaccompanied by children." Journal of Marriage and the Family 4: 750-755.

RYDER, R. (1973) "Longitudinal data relating marital satisfaction and having a child." Journal of Marriage and the Family 35: 15-38.

SACKETT, G. P. (1978) "The lag sequential analysis of contingency and cyclicity in behavioral interaction research," in J. D. Osofsky (ed.) Handbook of Infant Development. New York: John Wiley.

SCHUMAN, H. (1982) "Artifacts are in the mind of the beholder." American Sociologist 17: 21-28.

―――and S. PRESSER (1977) "Question working as an independent variable in survey analysis." Sociological Methods and Research 6: 151-170.

―――(1979) "The open and closed question." American Sociological Review 44: 692-712.

―――(1981) Questions and Answers in Attitude Surveys: Experiments on the Effects of Question Form, Wording, and Context. New York: Academic.

SCHUMM, W. R., H. L. BARNES, S. R. BOLLMAN, A. P. JURICH, and G. A. MILLIKEN (1985) "Approaches to the statistical analysis of family data." Home Economics Research Journal 14: 112-122.

SHUMM, W. R., W. T. SOUTHERLY, and C. R. FIGLEY (1980) "Stumbling block or stepping stone: path analysis in family studies." Journal of Marriage and the Family 42: 251-262.

SELLTIZ, C., L. S. WRIGHTSMAN, and S. W. COOK (1976) Research Methods in Social Relations (3rd ed.). New York: Holt, Rinehart & Winston.

SEWARD, R. R. (1978) The American Family: A Demographic History. Beverly Hills, CA: Sage.

SHARPLEY, C. F. and D. G. CROSS (1982) "A psychometric evaluation of the Spanier Dyadic Adjustment Scale." Journal of Marriage and the Family 44: 739-741.

SHAW, M. W. and J. M. WRIGHT (1967) Scales for the Measurement of Attitudes. San Francisco: McGraw-Hill.

SNIDER, J. G. and C. E. OSGOOD (1969) Semantic Differential Technique: A Sourcebook. Hawthorne, NY: Aldine.

Society for Research in Child Development (1973) Ethical Standards for Research with Children. Chicago: Author.

SÖRBOM, D. and D. G. JÖRESKOG (1981) "The use of LISREL in sociological model building," in D. J. Jackson and E. F. Borgatta (eds.) Factor Analysis and Measurement in Sociological Research. Beverly Hills, CA: Sage.

SPANIER, G. B. (1976) "Measuring dyadic adjustment: new scales for assessing the quality of marriage and similar dyads." Journal of Marriage and the Family 38: 15-28.

―――and L. THOMPSON (1982) "A confirmatory analysis of the Dyadic Adjustment Scale." Journal of Marriage and the Family 44: 731-738.

SPANIER, G. B., R. A. LEWIS, and C. L. COLE (1975) "Marital adjustment over the family life cycle: the issue of curvilinearity." Journal of Marriage and the Family 37: 263-275.

STEINGLASS, P. (1980) "Assessing families in their own homes." American Journal of Psychiatry 127: 1523-1529.

STEVENS, S. S. (1951) "Mathematics, measurement, and psychophysics," in S. S. Stevens (ed.) Handbook of Experimental Psychology. New York: John Wiley.

STEWARD, D. W. (1984) Secondary Research: Information Sources and Methods. Beverly Hills, CA: Sage.

STRAUS, M. A. (1964) "Measuring families," in H. T. Christensen (ed.) Handbook of

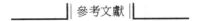
Marriage and the Family. Chicago: Rand-McNally.

———(1969) Family Measurement Techniques. Minneapolis: University of Minnesota Press.

———(1979) "Measuring conflict and violence: the conflict tactics (CT) scales." Journal of Marriage and the Family 40: 75-81.

———and B. W. BROWN (1978) Family Measurement Techniques: Abstracts of Published Measurements: 1935-1974 (rev. ed.). Minneapolis: University of Minnesota Press.

STRAUS, M. A. and I. TALLMAN (1971) "SIMFAM: a technique for observational measurement and experimental study of families," in J. Aldous et al. (eds.) Family Problem Solving. Hinsdale, IL: Dryden.

STRAUS, M. A., R. J. GELLES, and S. STEINMETZ (1980) Behind Closed Doors: Violence in the American Family. Garden City, NY: Anchor Press/Doubleday.

STRODTBECK, F. L. (1950) "Husband-wife interaction over revealed differences." American Sociological Review 16: 468-473.

———(1951) "The family as a three-person group." American Sociological Review 19: 23-29.

SUDMAN, S. (1976) Applied Sampling. New York: Academic.

TABACHNICK, B. G. and L. S. FIDELL (1983) Using Multivariate Statistics. New York: Harper & Row.

TALLMAN, I., L. R. WILSON, and M. A. STRAUS (1974) "SIMCAR: a game simulation method for cross-cultural family research." Social Science Information 13: 121-144.

TEACHMAN, J. D. (1983) "Early marriage, premarital fertility, and marital dissolution." Journal of Family Issues 4: 105-126.

THOMPSON, D. (1981) "The ethics of social experimentation: the case of the DIME." Public Policy 3: 369-398.

THOMSON, E. and R. WILLIAMS (1982) "Beyond wives' family sociology: A method for analyzing couple data." Journal of Marriage and the Family 44 (November): 999-1008.

THORNTON, A. and D. CAMBURN (1983) "The influence of the family on premarital sexual attitudes and behavior." Revision of a paper presented at the Annual Meetings of the American Sociological Association.

THORNTON, A., D. S. FREEDMAN, and D. CAMBURN (1982) "Obtaining respondent cooperation in family panel studies." Sociological Methods and Research 11: 33-51.

TIGGLE, R. B., M. D. PETERS, H. H. KELLEY, and J. VINCENT (1982) "Correlational and discrepancy indices of understanding and their relation to marital satisfaction." Journal of Marriage and the Family 44: 209-215.

U.S. Department of Health and Human Services (1983) "Children involved as subjects of research: additional protections." Federal Register 48, 46: March 8.

WAGENAAR, T. C. (1981) Readings for Social Research. Oxford, OH: Wadsworth.

WALKER, D. K. (1973) Socioemotional Measures for Preschool and Kindergarten Children. San Francisco: Jossey-Bass.

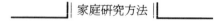

WALKER, K. and M. WOODS (1976) Time Use: A Measure of Household Production of Family Goods and Services. Washington, DC: Center for the Family, American Home Economics Association.

WAMPLER, K. S. and G. S. POWELL (1982) "The Barrett-Lennard Relationship Inventory as a measure of marital satisfaction." Family Relations 31: 139-145.

WEBB, E. J., D. T. CAMPBELL, R. D. SCHWARTZ, and L. SECHREST (1966) Unobtrusive Measures: Nonreactive Research in the Social Science. Chicago: Rand-McNally.

———and J. B. GROVE (1981) Non Reactive Measures in the Social Sciences. Boston: Houghton Mifflin.

WINTER, W. D. and A. J. FERREIRA [Eds.] (1969) Research in Family Interaction: Readings and Commentary. Palo Alto, CA: Science and Behavior Books.

WRIGLEY, E. A. and R. S. SCHOFIELD (1981) The Population History of England, 1541-1871. Cambridge, MA: Harvard University Press.

ZELLER, R. A. and E. G. CARMINES (1980) Measurement in Social Sciences: The Link Between Theory and Data. New York: Cambridge University Press.

ZELNIK, M., J. KANTNER, and K. FORD (1981) Sex and Pregnancy in Adolescence. Beverly Hills, CA: Sage.

家庭研究方法　　　　　　　　　　　　　　家庭叢書 06

著　　　者☞Brent C. Miller

校　　　閱☞郭靜晃

譯　　　者☞郭靜晃　徐蓮蔭

出 版 者☞揚智文化事業股份有限公司

發 行 人☞葉忠賢

責任編輯☞賴筱彌

執行編輯☞范維君

登 記 證☞局版北市業字第 1117 號

地　　　址☞台北市新生南路三段 88 號 5 樓之 6

電　　　話☞886-2-23660309　886-2-23660313

傳　　　真☞886-2-23660310

郵政劃撥☞14534976

印　　　刷☞偉勵彩色印刷股份有限公司

法律顧問☞北辰著作權事務所　蕭雄淋律師

初版二刷☞1998 年 9 月

Ｉ Ｓ Ｂ Ｎ☞957-8446-01-2

定　　　價☞新台幣 150 元

E - m a i l☞ufx0309@ms13.hinet.net

國家圖書館出版品預行編目資料

家庭研究方法 /Brent C. Miller著:郭靜晃,徐蓮蔭
　譯.-- 初版.-- 臺北市:揚智文化，1997〔民
　86〕面 ； 公分.-- （家庭叢書；6）
　譯自： Family research methods
　參考書目： 面
　ISBN 957-8446-01-2（平裝）

1. 家庭 - 研究方法

544.012　　　　　　　　　　　　　85014215

家庭叢書系列
FAMILY STUDIES
TEXT SERIES

　　家庭為孕育人類生存與發展的園地，亦是教育與養護兒童最關鍵的環境。本叢書主編文化大學兒福系系主任郭靜晃教授有鑑於近年來台灣地區社會變遷十分快速，為因應社會與家庭在結構層面、功能、內涵上所衍生的巨幅變遷，特延攬知名專家學者翻譯此套叢書。其內容廣泛，包括：家庭理論架構設計，家庭研究方法，家庭歷史，泛文化家庭比較，生命週期分析以及近來之熱門話題，諸如：離婚與再婚，家庭暴力，老年家庭，青少年性行為，如何成為父母等，提供給讀者參考及研究用。

❑ **離婚**　　　　定價：200
　　譯者／徐蓮蔭
❑ **家庭變遷**
　　譯者／柯樹馨
❑ **家庭暴力**　　定價：200
　　譯者／劉秀娟
❑ **老年家庭**
　　譯者／劉秀娟
❑ **成為父母**
　　譯者／張惠芬

❑ **家庭研究方法**　定價：150
　　譯者／郭靜晃・徐蓮蔭
❑ **步入婚姻之道**
　　譯者／張惠芬
❑ **工作與家庭**
　　譯者／郭妙雪
❑ **再婚**
　　譯者／蔡貴美
❑ **家庭與健康**
　　譯者／張惠芬

家 庭 暴 力
Intimate Violence in Families

Richard J. Gelles and Claire Pedrick Cornell 著

郭靜晃 校閱
劉秀娟 譯

電腦編號/A2203

定價/NT：200 元

ISBN/957-9272-68-9

CIP/544

家庭叢書 03

　　家庭是孕育人類生存與發展的溫床，然而家庭暴力卻使家庭角色一變而爲煉獄。暴力迷思不但助長了暴力的習慣與對暴力行爲的合理化同時也加深了受虐者的傷害程度；本書最大的特色是作者透過學理的角度來分析一般人對暴力的不當詮釋與看法，並引證眞實的案例與實徵研究來澄清暴力的內涵，進而探究處遇與預防策略；因此，本書爲研究生與實務工作者、有志研究者必備的參考用書。